KOSMOS *naturführer*

Bäume

Sicher bestimmen
mit Foto und
Zeichnung

BÄUME

KURZINFORMATIONEN IM BESTIMMUNGSTEIL

Wuchsform: z.B. Strauch, Laubbaum, Nadelbaum

Blütezeit: Blühperiode der Art (Angabe in Monaten)

Wuchshöhe: durchschnittliche Höhe der ausgewachsenen Pflanze
(Angabe in cm bzw. m)

Wichtige botanische Fachausdrücke

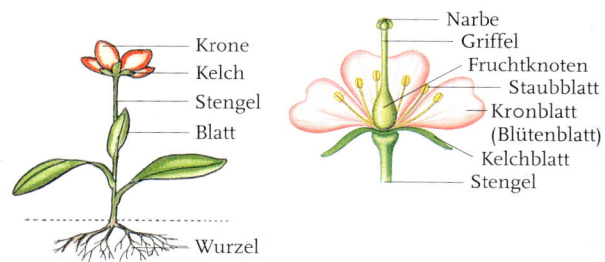

Krone
Kelch
Stengel
Blatt
Wurzel

Narbe
Griffel
Fruchtknoten
Staubblatt
Kronblatt
(Blütenblatt)
Kelchblatt
Stengel

Sproßaufbau

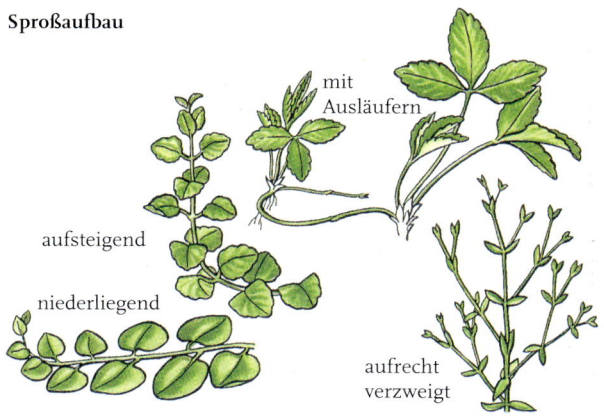

mit
Ausläufern

aufsteigend

niederliegend

aufrecht
verzweigt

Blütenstände

Ähre   Traube   Rispe   Dolde mit Hülle

Eva Dreyer / Wolfgang Dreyer

Bäume

KOSMOS

Mit diesem Naturführer können 192 Baum- und Straucharten eindeutig bestimmt werden. Selbst wer noch nie versucht hat, eine Gehölzpflanze zu bestimmen, gelangt mit diesem Buch einfach und sicher ans Ziel. Mit dieser Auswahl werden weitgehend alle mitteleuropäischen Arten erfaßt. Darüber hinaus ist die Bestimmung vieler Ziersträucher, Park- und Gartenbäume aus fernen Ländern möglich.

Neben Namen, Vorkommen, Verbreitung, Wuchsform und Blühangaben vermittelt der Haupttext oft Erstaunliches aus dem Leben der Bäume und unserer gemeinsamen Geschichte mit ihnen. Damit die wichtigsten Bäume auch im Urlaubsland erkannt werden können, helfen sechs Farbtafeln ab Seite 206 weiter.

▶ **So bestimmt man einen Baum**

Die Bestimmung erfolgt immer nach dem gleichen Muster. Steht man vor einem Laubbaum, sind zunächst drei Fragen zu klären. Dabei dreht sich alles ums Blatt. Blätter bieten eindeutige Bestimmungsmerkmale. Kein Blatt gleicht dem anderen. Zur Bestimmung nehme man eine Zweigspitze und betrachte die Stellung und Form der Blätter.

Die 1. Frage: Stehen die Blätter gegenständig oder wechselständig am Zweig?

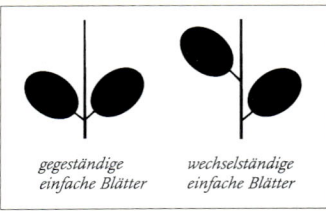

gegeständige einfache Blätter

wechselständige einfache Blätter

Die 2. Frage: Sind die Blätter einfach oder zusammengesetzt?

zusammengesetztes Blatt

Die 3. Frage: Wie sieht der Blattrand aus?

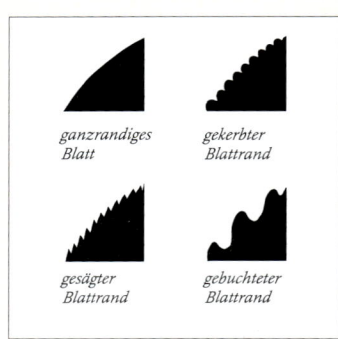

ganzrandiges Blatt

gekerbter Blattrand

gesägter Blattrand

gebuchteter Blattrand

Nach Beantwortung der ersten beiden Fragen gelangt man zu einem der vier Farbcodes, die auf der vorderen Umschlagklappe dargestellt sind:

1. Farbcode gelb für Laubbäume mit gegenständigen, einfachen Blättern
2. Farbcode orange für Laubbäume mit gegenständigen, zusammengesetzten Blättern
3. Farbcode blau für Laubbäume mit wechselständigen, einfachen Blättern
4. Farbcode dunkelblau für Laubbäume mit wechselständigen, zusammengesetzten Blättern

Innerhalb dieser leicht zu unterscheidenden Kategorien achte man nun auf den Blattrand. Ist er glatt, gekerbt oder gesägt, gelappt oder gebuchtet?

Wer dann die angegebenen Seiten gleicher Randform im Buch durchblättert und die Fotos mit dem Baum vergleicht, kommt sicher ans Ziel.

Weil nicht jeder botanische Begriffe wie „wechselständig" und „gegenständig", „einfach" und „zusammengesetzt" oder gekerbt, gesägt, gelappt und gebuchtet kennt, sind diese Begriffe in der vorderen Umschlagklappe anhand von einfachen Illustrationen erklärt.

Noch einfacher ist die Bestimmung von Nadelbäumen. Dort gelangt man schon zum richtigen Farbcode, wenn geklärt ist, ob Nadel- oder Schuppenblätter vorliegen. Den gesuchten Baum findet man, wenn entschieden ist, ob diese einzeln, in Büscheln oder in Längsreihen am Zweig stehen.

▶ **Bestimmungsbeispiel**

Ende Juni werden Sie auf einem Spaziergang durch die Felder auf einen weißblühenden Busch aufmerksam. Dieser kugelige Strauch ist etwa 2 m hoch und verströmt einen süßlichen Geruch.

Der Blick auf seine Blätter zeigt uns:

- Die Blätter sind wechselständig.
- Die Blätter sind einfach.
- Die Blätter sind gebuchtet.

Diese Merkmale führen im Symbol- und Farbcode auf der vorderen Umschlagklappe automatisch zu der Artengruppe mit wechselständigen, einfachen und gelappten oder gebuchteten Blättern, die auf den Seiten 128 bis 148 abgehandelt werden.

Wenn Sie jetzt den Strauch mit den Fotos auf den angegebenen Seiten innerhalb des Farbcodes hellgrün vergleichen, stoßen Sie auf die Abbildungen vom Eingriffeligen und Zweigriffeligen Weißdorn. Der Text- und Bildver-

Blüten und Blätter des Weißdorns

mit welcher Lebenskraft manche Bäume ausgestattet sind. Dabei fängt auch eine Eiche klein an, sie wächst aus einer kaum 10 g schweren Frucht. Mit dem Heranwachsen zeigte sich der Baum allen übrigen Lebewesen überlegen, wuchs höher und höher.

gleich führt Sie schnell zum Eingriffeligen Weißdorn (*Crataegus monogyna*), weil dessen Blätter tiefer gebuchtet sind und die einzelnen Blattlappen spitzer als bei der Schwesterart sind.

Im Textteil erfahren Sie nun noch Wissenswertes über diesen Strauch, dessen Blütenknopsen schon im Mittelalter als Herzmittel dienten.

Drei biologische Besonderheiten sind es, die Bäume auf der Erde so konkurrenzlos machen: Ein Höhenwachstum von durchschnittlich 30 – 50 m, die Ausbildung eines überaus stabilen, aber dennoch flexiblen Stammes, und die alle Lebewesen übertreffende Langlebigkeit.

Dabei unterscheiden sich Bäume mit ihrem Stoffwechsel nicht grundsätzlich von den übrigen grünen Pflanzen. Auch sie betreiben Photosynthese. Denn auch sie produzieren aus Wasser und dem Luftgas Kohlendioxid mit Hilfe der Sonnenenergie, die das Blattgrün einfängt, ihren Reservestoff Stärke und Sauerstoff. Aber in einem wesentlichen Faktor leben Bäume anders. Während die übrigen Pflanzen vor dem Winter zumindest ihre oberirdischen Teile aufgeben und mit Samen, Wurzeln, Knollen oder Zwiebeln überdauern, legen

MEIN FREUND DER BAUM

Wie ein Riese steht er da. Der mächtige Stamm trägt die Narben der Zeit, die starken Äste sind gekrümmt von Wind und Wetter. Über dreihundertfünfzig Jahre hat die alte Eiche auf dem Buckel und steht doch erst in der Mitte ihres Lebens. Die älteste Eiche Deutschlands steht im Münsterland und wird auf 1.300 Jahre geschätzt. Unvorstellbar,

Bäume einen Großteil ihres jährlichen Gewinnes aus der Photosynthese zinsbringend an. Das Konto ist aus Holz gemacht, der jährliche Zugewinn ergibt Äste, Zweige und eine Zunahme von Stammhöhe und Umfang. Dafür stellen Bäume die in der Natur einzigartige chemische Verbindung her – den Holzstoff Lignin. Ein Blick in die kahle Baumkrone der Stieleiche zeigt eindrucksvoll, wie dieser elastische und leichte

knorrig und Jahrhunderte alt: die Stieleiche

Baustoff solche ausladenden und kühnen Konstruktionen ermöglicht. Mit den elastischen Zweigen und Ästen trägt diese Eiche sommers Tonnen von Blättern und erträgt im Winter starke Stürme, Reif und Schnee. Jahr für Jahr, Jahrzehnte und sogar Jahrhunderte lang.

Die ältesten Bäume der Erde sind Grannen-Kiefern in Kalifornien. Unglaubliche 4.600 Jahre dauert schon das Leben jedes einzelnen Baumes. Das ist etwa so lange, wie Menschen ihre Geschichte aufschreiben können.

▶ **Ein Baum läßt uns leben**

Eine ausgewachsene hundertjährige Buche erzeugt mit ihren 200.000 Blättern täglich rund 7.000 l Sauerstoff. Diese große Menge reicht für etwa 50 Menschen zum Atmen. Allerdings verbraucht der Baum einen kleinen Teil davon selbst wieder, auch er muß atmen. Der Überschuß aber steht allen anderen Lebewesen zur Verfügung.

Die Blätter sind photochemische Fabriken, die in komplizierten Schritten neben Zuckerstoffen auch Stickstoff- und Phosphorverbindungen aufbauen. Der grüne Farbstoff Chlorophyll dient

Die Produktion von Sauerstoff beginnt mit dem Frühlingsgrün.

dabei als „Antenne", um bestimmte Wellenlängen des Sonnenlichts einzufangen und dessen Energie zu nutzen.

Damit die kleinen Blattfabriken nicht überhitzen, müssen sie zeitweise durch winzige Spaltöffnungen Wasser verdunsten. Dadurch schaffen Bäume ein besonderes Klima, das uns im Wald so erfrischt.

Der Farbstoff Chlorophyll in den Blattzellen fängt die Sonnenenergie ein.

deres Klima, das uns im Wald so erfrischt. Der Wasserstrom von den Wurzeln in die Krone verläuft in einer eigenen Wasserleitung, dem Xylem. Eine zweite Leitung, die als Phloem bezeichnet wird, leitet die im Wasser gelösten Kohlenhydrate nach unten. Beide Leitungen liegen nebeneinander zwischen Holz und Borke, die damit zum wichtigen Schutz der lebenswichtigen „Baumadern" wird.

Bäume gestalten nicht nur unser Klima mit, sie liefern auch einen ständig nachwachsenden Rohstoff – das Holz. Dessen Eigenschaften variieren von Art zu Art. So liefern Fichte und Ahorn Klanghölzer für Musikinstrumente, Linde und Tanne das Material für kunstvoll geschnitzte Madonnen und die Esche das Holz für Schränke. Und schließlich drechselt man aus dem nichtquellenden Holz der Robinie die Zapfhähne für Bierfässer.

► Gepflanzt von Menschenhand

Würde man unsere mitteleuropäische Agrarlandschaft sich lange genug selbst überlassen, entstünde daraus großflächig ein natürlicher Laubmischwald, in dem die Rotbuche den häufigsten Baum stellt. Nur auf den Bergkämmen der Mittelgebirge würden Nadelhölzer überwiegen. Der Bedarf an schnell wachsenden Rohstoffen veranlaßte die Forstwirtschaft in den sechziger Jahren, die Wälder zu Fichtenmonokulturen „umzubauen". Diese erwiesen sich jedoch als sehr anfällig gegen Forstschädlinge und Luftschadstoffe. Heute werden die Wälder wieder naturnäher aufgebaut und als wertvolle und nachhaltige Rohstoffquellen genutzt. Nicht nur die Forstwirtschaft greift in die

Der häufigste Naturwald in Mitteleuropa ist der Buchenmischwald.

Bestände von Bäumen ein, auch jeder Gartenbesitzer ist ein Gestalter der Baumvielfalt. Viele Ziergehölze stammen aus fernen Ländern. Manche eingebürgerte Bäume sind schon den Landschaftsgärtnern der Barockzeit entkommen und mittlerweile als verwilderte Formen bei uns heimisch geworden. Manche nordi-

Die Kiefernkulturen der Schorfheide wurden von Menschen gepflanzt.

sche Tanne kennen wir als Ziertanne im Garten oder nutzen sie als Weihnachtsbaum. Die Baum-

fauna großer Parks ist längst eine Mischkultur aus aller Herren Länder. Manchmal haben auch schon die Tiere solche Fremdlinge für sich entdeckt: Der aus China stammende Sommerflieder (*Buddleja davidii*) wurde in vielen Gärten zur Lieblingsfutterpflanze von Tagpfauenauge, Kleinem Fuchs und Admiral.

▶ Mit Wind oder Sechsbeinern

Ein abgesägter Baum schlägt schnell wieder aus. Um den Baum bilden sich junge Triebe, die zu einer ganzen Gruppe von Jungbäumen heranwachsen. Sie haben alle das gleiche Erbgut wie der gefallene Baum. Aber eine Pflanze setzt nicht allein auf ihre „vegetative Vermehrungskraft". Um auf veränderte Lebensbedingungen reagieren zu können, muß sie das Erbgut ständig neu kombinieren. Um in einer sich ständig wandelnden Umwelt zu überleben, müssen sich männliche und weibliche Geschlechtszellen ständig neu vermischen. Bewegliche Geschlechtszellen sind hierfür eine Voraussetzung.·

Doch wie soll man das erreichen, wenn man für Jahrzehnte fest verwurzelt ist? Die Bäume verfolgen hauptsächlich zwei Strategien: In windreichen Gebieten vertrauen vorwiegend Nadelbäume, Birken und Hasel ihre männlichen Samen dem Wind an. Zu Millionen streuen die männlichen Kätzchen ihre Pollen aus. Der Wind trägt sie mit sich fort, bis es einem Pollenkorn glückt, auf der klebrigen Narbe einer weiblichen Birkenblüte zu landen, auszuwachsen und sein Erbgut mit dem weiblichen zu verschmelzen.

► Kastanienblüten locken mit Farbe und Form Bienen als Bestäuber an.

Bei der zweiten Strategie werden Insekten für den Transport des Blütenstaubs auf die weibliche Narbe eingespannt. Dieses System funktioniert zuverlässiger als die Windbestäubung, den Insekten bleibt dabei ein großer Pollenrest und häufig auch Nektar als Belohnung.

Doch müssen die Bäume bei diesem Modell mehr in die Werbung investieren. Die leuchtend weißen Blütenblätter von Birne und Apfel zeigen anschaulich, wie aufwendig die Werbetrommel gerührt werden muß, um Bienen anzulocken. Manche Baumblüten sind so aufwendig gestaltet, daß Saftmale und Zeichnungen den Bienen sehr eindringlich ihren Weg zu Pollen und Nektar weisen.

► **Samen brauchen Flügel**
Alle Bäume sind ständig bestrebt, sich auszubreiten und neue Lebensräume zu erschließen. Doch ihre Früchte sind oft zu schwer, um vom Wind getragen zu werden. Tannen und Fichten, Eschen und Ahornarten und einige andere Bäume fanden eine Strategie, ihre Samen flugfähig zu machen: Die Samen tragen flügelartige Fortsätze, die wie Propeller wirken. Mit dieser Technik erreichen sie eine erstaunlich große Reichweite mit dem Wind.

Um Samen von Bäumen zu verbreiten, spielen die Vögel eine ganz besondere Rolle. Da sie weit umherziehen, sind sie ideale Partner für Baum und Strauch.

Die Partnerschaft beruht auf Gegenseitigkeit: Vögel erhalten mit dem Zucker der Früchte die nötige Energie zum Fliegen. Den Samen der Bäume wiederum kommen die kräftigen Vogelflügel zu Gute. Außerdem sind ihre Samen mit guten Reserven ausgestattet, die am neuen Wuchsort das Keimen erleichtern. Bei manchen Arten hat sich die Partnerschaft gut entwickelt: Weißdorn und Schlehen beispielsweise keimen erst nach einer Passage durch den Vogeldarm aus. Erst die scharfen Magensäuren ätzen die Hülle der Steinfrucht soweit an, daß der Keimling herauswachsen kann. Fast jede Baumart hat ihre bevorzugten Vogelpartner: Der Eichelhäher pflanzt Eicheln, nordische Bergfinken verbreiten Bucheckern, Wacholderdrosseln tragen Weißdorn- und Schneeballbeeren durch Europa und die Misteldrossel pflanzt mit ihrem Kot Mistelsamen direkt auf die Zweige der Bäume, auf denen diese Pflanze schmarotzt.

Ahornfrüchte tragen Flügel, mit denen sie sich im Wind davonschrauben.

► **Farbiges Ende**

Gegen Ende der Vegetationsperiode haben die Blätter der sommergrünen Laubbäume ausgedient. Vom langen Dienst in Licht, Wind und Wetter sind sie dann verschlissen und verbraucht. Doch vor dem Laubfall werden alle verwertbaren Stoffe aus den Blättern geleitet und in der Rinde gespeichert. Enzyme bringen die organischen Stoffe in eine lösliche Form, damit sie in neuen

Die auffälligen Schneeballfrüchte verleiten im Winter die Vögel zum Fraß.

Knospen, dem Stamm oder in den Wurzeln gespeichert werden können. Auch die Farbstoffträger und das Chlorophyll werden zerlegt und verwertet. Zurück bleiben Farbstoffe wie die rötlichen bis orangefarbenen Carotinoide oder die Xanthophylle, die das Herbstlaub so leuchtend gelb färben. Der Laubfall selbst ist auch ein komplizierter Vorgang: Zunächst wird am Blattstiel eine besondere Zellschicht gebildet. Die Zellen dieser Trennschicht werden bald darauf von zwei Enzymen aufgelöst. Jetzt kann das Blatt zu Boden fallen. Dort sorgt ein Heer von Klein- und Kleinstlebewesen für den Aufschluß der Blattmasse in Humus, bis ein Blatt nach einigen Jahren vollständig verwertet wurde. Mit dem Humus stehen dem Baum die Nährstoffe und Minerale wieder zur Verfügung.

Mit dem Laubfall trifft ein Baum Vorsorge für den Winter: Er vermeidet zu große Wasserverluste, da Kälte auf Blätter wie Trockenheit wirken würde. Der Laub-

Wintergrüne Nadeln widerstehen Schnee und Frost.

baum vermeidet tonnenschwere Schneelasten, die belaubte Zweige nicht tragen könnten. Außerdem befreit sich die Pflanze von

Wenn Blätter bunt werden, haben sie bald ausgedient.

verbrauchtem Blattgrün und schafft den Knospen neues Licht zum Austreiben im Frühling. Auch Nadelbäume werfen ihre nadelförmigen Blätter ab. Allerdings nur in mehreren Schritten. Die Kiefer wechselt ihr Nadelgrün erst nach vier Jahren, die Fichte nach sieben und die Tanne benutzt ihre Nadeln rund zwölf Jahre lang.

AUCH BÄUME HABEN FEINDE

Den außen liegenden und abgestorbenen Teil der Rinde nennt man Borke. Als tote „Hülle" wächst sie nicht mit, wenn der Stamm an Umfang zunimmt, sondern reißt auf. Kiefernborke beispielsweise löst sich schuppig ab. Rinde und Borke schützen einen Baum vor Infektionen. Die größte Gefahr geht hier von den Milliarden winziger Pilzsporen aus, die ständig durch die Luft wirbeln. Für einen Baum ist es deshalb lebensnotwendig, seine Hülle vollständig dicht zu halten. So verschließen Nadelbäume ihre Verletzungen mit klebrigem Harz, das Pilzen und Bakterien den Weg ins Innere verwehrt. Laubbäume haben keine Harzkanäle und versiegeln Wunden mit einer gummiartigen Substanz.

Bäume sind einem Riesenheer von Insekten ausgeliefert. Allein 4.600 Borkenkäferarten gibt es weltweit, in Europa sind es etwa 150. Diese nur millimetergroßen Käfer legen ihre Bohrgänge in der Rinde an und können Nadelbäume innerhalb weniger Wochen abtöten. Noch schwerwiegender als ihr Fraßschaden sind meist die Pilzinfektionen als Folge. So überträgt der Ulmensplintkäfer den Pilz *Ceratocystis*, der das Ulmensterben auslöst. Wenn ein Baum am Stamm bereits den Fruchtkörper eines Baumpilzes trägt, ist er längst verloren. Nach dem Eindringen der Sporen durch eine Verletzung durchwächst das Mycel sehr schnell das Holz.

Neben Pilzen bedroht ein großes Heer blattfressender Insekten die Bäume. Insgesamt landen in Mitteleuropa etwa 10 – 15 % der Biomasse in Insektenmägen. Gelegentlich kommt es auf einigen Baumarten zum Kahlfraß. Meistens treiben die Bäume wieder aus und schützen sich mit Glycosiden oder Gerbstoffen gegen erneuten Schaden. Vermutlich dienen Insektenschäden auch dazu, die Fitness der Bäume ständig zu überprüfen.

- ▶ Strauch
- ▶ April bis Mai
- ▶ 1–2 m

▶ **Merkmale**
Blätter weich, oben und unten flaumig behaart; Blüten schmutzig-weiß, sitzen paarweise auf einem gemeinsamen Stiel; Rinde graubraun, längsrissig; Früchte rote, erbsengroße Beeren, paarweise angeordnet

▶ **Vorkommen**
besiedelt krautreiche Mischwälder, Hecken, Gebüsche; braucht kalkhaltige Böden

▶ **Verbreitung**
fast ganz Europa, ausgenommen äußerster Norden und äußerster Süden

Rote Heckenkirsche
Lonicera xylosteum

Schöne Drechslerarbeiten und das lange Pfeifenrohr von Lehrer Lempel wurden früher aus dem beinharten Holz der Roten Heckenkirschen gemacht. Auf diese Eigenschaft des harten Holzes weist der aus dem griechischen stammende Begriff „xylosteum" hin. Da das Mark der langen rutenförmigen Zweige im Alter schwindet, sind diese oft hohl und wurden zu Blas- und Pfeifenrohren. Besonders auffallend und leicht zu erkennen sind die roten Beeren. Diese erbsengroßen Gebilde sitzen paarweise an den Zweigen. Sie sind ungenießbar und gelten als schwach giftig. Kinder sollte man vor diesen „Kirschen" warnen.

Blüten und Blätter

14

Alpen-Heckenkirsche
Lonicera alpigena

▸ Strauch
▸ Mai bis Juli
▸ 1 – 2 m

Die Alpen-Heckenkirsche ist ein sommergrüner, aufrechter, wenig verzweigter Strauch, dessen natürliche Standorte Bergwälder bis hinauf in die Nähe der Baumgrenze sind. Daneben wird er auch als Ziergehölz in Gärten gepflanzt. Den botanischen Namen Lonicera erhielt der Strauch zu Ehren des Frankfurter Arztes, Botanikers und Mathematikers Adam Lonicer

Blüten und Blätter

(1528 – 1586), der ein in seiner Zeit gefragtes Kräuterbuch geschrieben hat. Die glänzend roten, etwa kirschgroßen Früchte der Alpen-Heckenkirsche sind giftig. Sie enthalten den giftigen Bitterstoff Xylostein, der Erbrechen und Durchfall hervorruft.

▸ Merkmale
Blätter groß, lang zugespitzt, oben dunkelgrün, unten heller, glänzend; Blüten braunrot, sitzen paarweise auf einem gemeinsamen, 3 – 4 cm langen Stiel in den Blattachseln; Rinde hellgrau, löst sich in Streifen ab; Früchte paarweise miteinander verwachsene kugelige, rote Beeren

▸ Vorkommen
krautreiche Laubmischwälder, Gebüsche

▸ Verbreitung
Gebirge Mittel- und Südeuropas

15

- ▶ Strauch
- ▶ Juni bis September
- ▶ 1–3 m

▶ **Merkmale**
Blätter oval, 4–8 cm lang;
Blüten glockig, rosa, stehen zu drei bis neun in
endständigen Trauben in
den Achseln der obersten
Blätter; Rinde graubraun,
längsrissig, löst sich in
Streifen ab; Frucht eine
erbsengroße, schneeweiße
Beere (Name)

▶ **Vorkommen**
Ziergehölz, verwildert in
sonnigen Gebüschen, an
Schuttstellen

▶ **Verbreitung**
Heimat ursprünglich
Nordamerika, in Mittel-
europa eingebürgert

Schneebeere
Symphoricarpos rivularis

Alle Kinder lieben die weißen Früchte der Schnee-
beere, weil sie beim Zertreten so schön laut knacken.
Deswegen heißen diese Früchte auch Knackbeeren
oder Knallerbsen. Sie enthalten ein schwammiges
Fruchtfleisch, das Vögel zum Fressen verleiten soll.
Vor allem Drosseln sorgen für die Verbreitung der
Samen. Für den Menschen sind die Schneebeeren
ungenießbar. Sie enthalten Saponine und einen noch
nicht näher erforschten Wirkstoff, der schwere Vergiftungen aus-
löst. Dieser
amerikani-
sche Strauch
fehlt bei uns in
keiner Parkanlage
und ist an den eiför-
migen, manchmal
auch kreisrunden Blät-
tern leicht zu erkennen.

Früchte

Waldgeißblatt
Lonicera periclymenum

In der Eifel werden Knotenstöcke mit einer geheimnisvollen welligen Oberfläche verkauft. Es sind Haselzweige, die in der Jugend von den Lianen des Waldgeißblattes umschlungen wurden. Im Volksmund wird es auch „Baumtöter" genannt. Die Lianen klettern ohne Mühe bis zu 10 m hoch, umschlingen Bäume bis in die äußersten Äste und bringen sie gelegentlich zum Absterben. An den Blättern des Waldgeißblattes leben die Raupen von 24 Kleinschmetterlingsarten. In den Blättern lebt die Larve einer Minierfliege, die Sternminen in das Blatt frißt. In manchen Jahren ist jedes Blatt von diesen Sternminen befallen.

Blüten und Blätter

▶ Kletterstrauch
▶ Mai bis Juli
▶ 2 – 10 m

▶ **Merkmale**
Blätter kurz gestielt, eiförmig; Blüten gelbweiß, duften aromatisch, stehen gehäuft am Ende der Zweige; Rinde rotbraun; Früchte rote Beeren, schwach giftig

▶ **Vorkommen**
Eichenmischwälder, Waldränder, Hecken, Gebüsche; in wintermilden, luftfeuchten Gegenden; auf kalkarmen Böden

▶ **Verbreitung**
Mittel- und Westeuropa, nach Norden bis Südskandinavien, nach Süden bis Mittelitalien

- Kletterstrauch
- Mai bis Juli
- 1–5 m

- **Merkmale**
Blätter unten am Stengel
kurzgestielt, eiförmig,
obere Blattpaare scheiben-
artig verwachsen; Blüten
gelbweiß, duftend, sitzen
in Gruppen auf dem ober-
sten Doppelblatt; Rinde
hellbraun, löst sich in
Streifen ab; Früchte rote
Beeren, giftig

- **Vorkommen**
sonnige Waldränder,
Hecken, Gebüsche, alte
Laubenpflanze

- **Verbreitung**
Heimat ursprünglich
Südosteuropa, in Mittel-
europa eingebürgert

Jelängerjelieber
Lonicera caprifolium

Wohl jeder hat bei einem
nächtlichen Heckenspa-
ziergang schon die
schweren Duftwolken
bizarrer Blüten wahrge-
nommen. Der Kletter-
strauch Jelängerjelieber
öffnet seinen Blütenla-
den nur für Nachtschwär-
mer. Die Falter dieser
Schmetterlingsfamilie
stehen im Schwirrflug

Blüten

vor den Blüten und saugen mit ihrem langen Rüssel
deren Nektar auf. Im Gegensatz zu den meisten
anderen Windepflanzen rankt das Echte Geißblatt,
wie der Strauch auch heißt, im Uhrzeigersinn um
andere Pflanzen. Wegen des guten Duftes und des
dichten Wuchses war er früher sehr beliebt für Lie-
beslauben. Vielleicht kommt daher auch sein Name.

Kornelkirsche
Cornus mas

Die Kornelkirsche ist in unserem Klimabereich der frühest blühende Strauch. Er entfaltet seine Blüten schon im Februar, zur Zeit der Schneeschmelze und ist damit eine wichtige Bienenweide im zeitigen Frühjahr. Seine Früchte reifen ab August, sie schmecken süß-säuerlich und enthalten etwas Vitamin C. Früher wurden sie zu Marmelade, Gelee, Saft und Wein verarbeitet. Da die Kornelkirsche aber nur wenig Fruchtfleisch hat und die Herstellung dieser Produkte deshalb sehr arbeitsaufwendig ist, macht man heute kaum noch Gebrauch davon. Man überläßt die scharlachroten Früchte daher lieber den Vögeln.

Blüten

► Strauch
► Februar bis April
► 2–6 m

► **Merkmale**
Blätter eiförmig, zugespitzt, oben glänzend, oben und unten etwas behaart; Blüten gelb, liegen als Dolden direkt an den Zweigen, erscheinen vor dem Laub; Rinde gelbgrau, rissig, blättert schuppig ab; Frucht eine hängende rote Steinfrucht, eßbar

► **Vorkommen**
trockene Laubwälder, Waldränder, Gebüsche; in Gärten beliebter Heckenstrauch

► **Verbreitung**
Mittel- und Südeuropa

- Strauch
- Mai bis Juni
- 1–4 m

- **Merkmale**
Blätter eiförmig, zuge-
spitzt, am Rand wellig,
ungleich groß; Blüten
weiß, stehen in schirmför-
migen Dolden am Ende
der Zweige; Rinde zu-
nächst rotbraun, später
graubraun mit Längs- und
Querrissen; Früchte erb-
sengroße, schwarze Stein-
früchte, roh ungenießbar

- **Vorkommen**
Waldränder, Hecken, Ge-
büsche; verträgt starke
Beschattung

- **Verbreitung**
in fast ganz Europa häufig

Roter Hartriegel
Cornus sanguinea

Der Rote Hartriegel ist ein langsam wachsender,
buschiger Strauch, der selten älter als 30 Jahre wird.
Sein auffallend rot gefärbtes Herbstlaub und die im
Winter blutrot leuchtenden Zweige gaben ihm seinen Namen. Weil er zahlreiche Wurzelausläufer bildet, wird er häufig zur Befestigung des Bodens in
Hanglagen gepflanzt. Hartriegelholz ist nur schwer
zu spalten. Das wußten schon die Griechen und
Römer. Sie machten sich daraus Lanzenschäfte.
Heute werden aus
dem harten Holz
hauptsächlich Spa-
zierstöcke herge-
stellt, die sogenann-
ten Ziegenhainer
Gehstöcke, benannt
nach dem Ort Zie-
genhain in der Nähe
von Jena.

Blüten und Blätter

Weißer Hartriegel
Cornus alba

Überall, wo Wildwuchs-
hecken und Parkanlagen
pflegeleicht sein sollen,
pflanzt man den Weißen
Hartriegel. Dieser
Strauch gedeiht beson-
ders gut auf lehmigen,
schweren Böden und bil-
det Ausläufer. Er ist winterhart, schnellwüchsig
und erfordert keinen beson-
deren Rückschnitt. Sein Laub färbt
sich im Herbst besonders bunt. Es gibt sogar Gartensorten mit gescheckten Blättern und korallenroten
Zweigen. Die weißen Beeren hängen meist bis in
den Winter und werden dann von Amseln gepflückt.
Der Busch blüht schon Anfang Mai mit kleinen gelb-
lichen Blütenschirmen, die am Ende der Zweige auf-
gespannt sind.

Früchte

▶ **Strauch**
▶ **Mai bis Juni**
▶ **1,5–3 m**

▶ **Merkmale**
Blätter eiförmig, 4–8 cm
lang, oben hellgrün, unten
blaugrün. Blüten gelbweiß,
stehen zu 10–30 in einem
rispigen Blütenstand am
Ende der Zweige; Zweige
rot berindet; beerenartige,
schmutzig-weiße, kugelige
Steinfrucht, 5–7 mm dick

▶ **Vorkommen**
Zierstrauch, örtlich verwildert

▶ **Verbreitung**
ursprünglich Nordame-
rika, nördliches Asien, in
Mitteleuropa stellenweise
eingebürgert

- ▶ strauchartiger Halbparasit
- ▶ März bis Mai
- ▶ 0,5 – 1 m

▶ **Merkmale**
Blätter gelbgrün, sitzend, ledrig-derb, 2 – 8 cm lang und 1 – 1,5 cm breit; männliche und weibliche Blüten grün, unscheinbar, vierzählig; Rinde gelbgrün, glatt; Frucht erbsengroße, weiße, glänzende Scheinbeere mit schleimigem Fleisch

▶ **Vorkommen**
Halbparasit auf Laubbäumen wie Pappel, Weide, Birke, Hainbuche, Walnuß, Apfelbaum und Ahornarten

▶ **Verbreitung**
Mittel- und Westeuropa

Mistel
Viscum album

Auf winterkahlen Bäumen erkennt man die Mistel schon von weitem als grüne dichte Kugel. Diese Pflanze lebt auf Bäumen. Als Halbschmarotzer holt sie sich das lebenswichtige Wasser samt Nährsalzen mit Senkwurzeln von ihrer Wirtspflanze. Die für ihre Entwicklung notwendigen organischen Baustoffe stellt sie in ihren Blättern selbst her. Die Mistel ist eine alte Heilpflanze mit blutdrucksenkender, gefäßerweiternder und herzstärkender Wirkung. Außerdem ist sie im Brauchtum der Menschen fest verankert, in England als beliebter Weihnachtsschmuck, in der Schweiz und in Frankreich als Fruchtbarkeitssymbol.

Blätter und Früchte

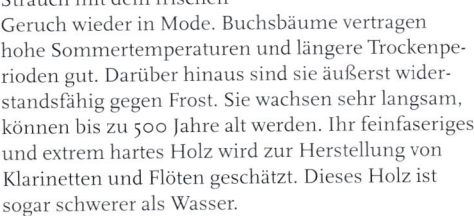

Buchsbaum
Buxus sempervirens

In Barockgärten war der
Buchs der Baum
schlechthin. Man konnte
ihn beschneiden und
daraus die damals belieb-
ten Labyrinthe bauen.
Später diente er auch in
Bauerngärten zur Beet-
einfassung. Heute
kommt der immergrüne
Strauch mit dem frischen

Blätter und
Blüten

Geruch wieder in Mode. Buchsbäume vertragen
hohe Sommertemperaturen und längere Trockenpe-
rioden gut. Darüber hinaus sind sie äußerst widerstandsfähig gegen Frost. Sie wachsen sehr langsam,
können bis zu 500 Jahre alt werden. Ihr feinfaseriges
und extrem hartes Holz wird zur Herstellung von
Klarinetten und Flöten geschätzt. Dieses Holz ist
sogar schwerer als Wasser.

▶ Strauch
▶ März bis April
▶ 2–5 m

▶ **Merkmale**
Blätter ledrig-spröde, oben
glänzend sattgrün, unten
heller; Blüten gelbweiß in
Gruppen in den Blattach-
seln; Rinde hellbraun, tief
zerrissen; Frucht harte,
schwarze Kapsel

▶ **Vorkommen**
Laubmischwälder; allge-
mein an sonnigen, trocke-
nen Standorten mit locke-
ren, kalkhaltigen Böden

▶ **Verbreitung**
in Mitteleuropa natürliche
Bestände an der Mosel;
angepflanzt in ganz
Europa

- ▶ Strauch
- ▶ Juni bis Juli
- ▶ 3–5 m

- ▶ **Merkmale**
  Blätter länglich, lederartig,
  fallen manchmal erst im
  Frühjahr zum Neuaustrieb
  ab; Rinde graubraun, kahl;
  Blüten zahlreich, weiß,
  stehen in einer Rispe am
  Ende der Stengel, duften
  stark süßlich; Früchte
  glänzend schwarze Bee-
  ren, giftig;

- ▶ **Vorkommen**
  Waldränder, sonnige
  Hecken und Gebüsche;
  braucht kalkhaltige Böden

- ▶ **Verbreitung**
  Süd-, West- und Mittel-
  europa

Liguster
Ligustrum vulgare

Dichte Ligusterhecken bieten vielen Vögeln sichere
Nistplätze und reichlich Nahrung. Besonders Hänf-
linge brüten hier häufig. Die Früchte des Ligusters
reifen ab August und bleiben bis weit in den Winter
hinein am Strauch hängen. Sie werden gerne von
Drosseln gefressen. Von den Blättern des Ligusters
leben die Raupen des Ligusterschwärmers. Der Ligu-
ster ist in allen Teilen giftig. Sei-
nen schwarzen Beeren sagt
man sogar tödlich giftige Wirkung nach, die wohl etwas
übertrieben wird.
Dennoch sollte man die-
sen Strauch an Kinder-
spielplätzen und
Schulen nicht pflan-
zen, wie es leider
immer noch
geschieht.

Blütenstand

Gewöhnlicher Flieder
Syringa vulgaris

Der Gewöhnliche Flieder wurde im 10. Jahrhundert von den Arabern nach Spanien gebracht. Nach Mitteleuropa kam der langsam wachsende, sommergrüne Strauch erst Mitte des 16. Jahrhunderts. Man gab ihm damals Namen wie Spanischer oder Türkischer Flieder. Heute gibt es in Mitteleuropa rund 800 verschiedenfarbige Gartenformen des Gewöhnlichen Flieders.

Blütenstand mit Blättern

Seine Blüten enthalten ein sehr typisches ätherisches Öl, das zur Parfümherstellung verwendet wird. Rinde, Blätter und Samenkapseln enthalten Syringin, eine Substanz, die früher als Fiebermittel eingesetzt wurde, heute aber kaum noch verwendet wird.

▶ **Strauch**
▶ **April bis Mai**
▶ **2–6 m**

▶ **Merkmale**
Blätter eiförmig, zugespitzt, oben und unten gleich gefärbt; Blüten blau, violett oder weiß, in aufrechten Rispen, duftend; Rinde graubraun, wird im Alter zu längsrissiger Borke; Frucht braune, zweifächrige, vorne zugespitzte Kapsel, 1–1,5 cm lang

▶ **Vorkommen**
Zierpflanze, verwildert an Waldrändern, Hecken

▶ **Verbreitung**
Heimat Südosteuropa, in Mitteleuropa gepflanzt

- Laubbaum
- Mai
- 10 – 20 m

Merkmale
Blätter 15 – 30 cm lang und fast ebenso breit; Blüten blau-violett, sehen aus wie Glocken, stehen in Gruppen am Ende vorjähriger Zweige; Rinde glatt, graubraun; Frucht eiförmige, zugespitzte Kapsel, glänzend grün, klebrig, enthält viele kleine, geflügelte Samen

Vorkommen
Zierbaum in Parks und Anlagen

Verbreitung
Heimat China, in milden Gegenden Mitteleuropas angepflanzt

Blauglockenbaum
Paulownia tomentosa

Die Paulownie, manchmal auch Kaiserpaulownie genannt, erhielt ihren Namen zu Ehren der russischen Prinzessin Anna Paulowna (1795 – 1865). In sonniger Lage und auf nährstoffreichen Böden wächst der Baum rasch in die Höhe. Zur Blütezeit im Mai ist er unvergleichlich schön, ein Blickfang für jeden Garten. Die Blütenknospen werden bereits im Spätsommer des Vorjahres sichtbar und überdauern als braunrote, filzige Kugeln den Winter. Die intensiv duftenden Blüten ähneln Gloxinienblüten, erscheinen noch vor dem Laubaustrieb, der erst Ende Mai beginnt, sind aber genau wie die dekorativen Blätter nur kurzlebig.

reife Früchte

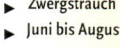

Alpenazalee
Loiseleura procumbens

Den Bergfrühling der Alpen eröffnet eine zartrosa Pflanze, die eigentlich in der Arktis zuhause ist. Die Alpenazalee ist extrem widerstandsfähig gegen Wind und Frost. Sie erträgt, ohne Schaden zu nehmen, Windstärken bis zu 40 m/s und Temperaturen bis –30° C. Pflanzen, die im Winter mit Schnee bedeckt sind, haben im Frühling grün gefärbte Blätter. An schneefrei gefegten Standorten nehmen die Blätter eine rostrote Färbung an. Diesem robusten Zwergstrauch, der sich über Steine schlängelt, sieht man oft sein Alter nicht an. Ein nur bleistiftstarker Stamm kann über 50 Jahre alt sein.

Blüten und Blätter

▶ Zwergstrauch
▶ Juni bis August
▶ 10 – 45 cm

▶ **Merkmale**
Blätter immergrün, oben glänzend, derb, Blattrand nach unten eingerollt; Blüten klein, rosarot, stehen in Gruppen zu zwei bis fünf an den Spitzen der Zweige; Rinde graubraun, glatt, ältere Äste knorrig; Frucht rötliche, kugelige Kapsel

▶ **Vorkommen**
felsiger Boden, Schutt, Geröll

▶ **Verbreitung**
mitteleuropäisches Hochgebirge, nördliches und arktisches Eurasien, Nordamerika

27

- ▶ Laubbaum
- ▶ Juni bis Juli
- ▶ 5–15 m

- ▶ **Merkmale**
  Blätter sehr groß,
  10–20 cm lang, unten
  dicht behaart, riechen
  beim Zerreiben unange-
  nehm; Blüten weiß, stehen
  in Rispen, die an die Blütenkerzen der Roßkastanie
  erinnern; Rinde hellbraun,
  schuppt im Alter ab; Frucht
  runde bräunliche Kapsel,
  bis zu 40 cm lang

- ▶ **Vorkommen**
  Zierbaum in Parkanlagen

- ▶ **Verbreitung**
  Heimat: südliche USA, in
  Mittel-, West- und Süd-
  europa angepflanzt

Trompetenbaum
Catalpa bignonioides

Wegen seiner riesigen Blätter, die er als eine der letzten Baumarten erst im Spätfrühling austreibt, und
den dekorativen Blütenrispen ist er ein wirkungsvol-
ler Zierbaum in Parkanlagen und botanischen Gärten. Auffällig sind auch seine langen, bleistiftdicken
Fruchtkapseln. Sie bleiben nach der Reife noch lange
am Baum, entlassen ihre silbrig-
grauen Samen meist erst im
nächsten Frühjahr. Der
Trompetenbaum ist
ein sommergrüner laub-
abwerfender Baum mit
weit ausladender Krone. Er
braucht milde Klimalagen
und feuchte, nährstoffreiche
Böden. Nur unter diesen Vor-
aussetzungen wächst er rasch in
die Höhe.

Früchte

Wolliger Schneeball
Viburnum lantana

Die Blüten dieser Schneeballart duften nicht gerade ange-nehm. Aber ihr harnartiger Geruch zieht massen-weise Fliegen an. Diese sind die gewünschte Insektengruppe für den Pollentransport. Der Wollige Schneeball schätzt einen warmen und son-nigen Standort. Als besondere Anpassung an Wärme sind seine Blätter stark behaart und runzelig. Die Früchte des Wolligen Schneeballs werden im Volksmund „Schwindelbeeren" genannt. Ob diese Früchte giftig sind, ist umstritten. Sie reifen nicht alle gleich schnell. Deshalb sieht man in einem Fruchtstand lange Zeit Früchte verschiedener Farbe. Dieser Strauch steht in Gebüschen und an Wald-rändern.

Blatt

▶ Strauch
▶ Mai bis Juni
▶ 1,5–5 m

▶ **Merkmale**
Blätter fühlen sich rauh an, oben dunkelgrün, runzelig, unten dicht graufilzig; Blüten weiß, stinkend, in doldenartigen Blütenstän-den; Rinde anfangs rauh, später graubraun, längsris-sig und korkig; beeren-artige, eiförmige Stein-frucht, erst grün, dann rot, zuletzt schwarz

▶ **Vorkommen**
Gebüsche, Waldränder, lichte Laubwälder

▶ **Verbreitung**
südliches Mitteleuropa, Südeuropa

- Strauch
- Mai bis Juni
- 1,5–6 m

Merkmale
Blätter langgestreckt, oben blaugrün, unten heller, kahl; Blüten klein, hellgrün, mit vier kreuzartig stehenden Blütenblättern; Rinde glatt, zunächst grün, später rotbraun; Früchte auffällige, karminrote Kapseln, giftig

Vorkommen
feuchte Laubwälder, Waldränder, Bachufer, Hecken; braucht frische, kalkhaltige, nährstoffreiche Böden

Verbreitung
ganz Europa

Gewöhnliches Pfaffenhütchen
Euonymus europaea

Don Camillos Kopfbedeckung in rot und gelb, so genau sehen die Früchte des Pfaffenhütchens aus. Es sind vierklappige Kapseln, die im Reifezustand aufspringen und die von einem orangefarbenen Mantel umgebenen Samen freigeben. Diese Samen gehören zu den Frostkeimern. Sie keimen erst nach vier bis fünf Wintern mit Frost. Dann sind sie ein begehrtes Notfutter für Elstern, Drosseln und Rotkehlchen. Die wieder ausgeschiedenen Samen werden von den Vögeln weit verbreitet. Im Juni ist der Strauch oft mit einem feinseidigen Gespinst überzogen, in dem dann hunderte von Schmetterlingsraupen wohnen und ihn kahl fressen.

Blüten und Blätter

Breitblättriges Pfaffenhütchen
Euonymus latifolia

Südlich der Donau kommt das Breitblättrige Pfaffen-hütchen vor, ein Strauch mit rutenförmigen, meist runden Zweigen. Seine Früchte sind rote Kapseln. Im Unterschied zum Gewöhnlichen Pfaffenhütchen bestehen diese Kapseln aber nicht aus vier, sondern aus fünf Fächern. In jedem Fach sitzt ein, von einem orangefarbenen Mantel umhüllter, weißer Same. Sind die Früchte reif, springen die Kapseln auf. Alle Teile der Pflanze enthalten giftige Stoffe, besonders herzwirksame Glyko-side und Alkaloide. Früher wurden aus dem Holz Spin-deln hergestellt. Heute verwendet man nur noch die Holzkohle der Pflanze zum Zeichnen.

Blüten und Blätter

- Strauch
- Mai bis Juni
- 2–5 m

- **Merkmale**
  Blätter groß, etwa 12 cm lang und 5 cm breit, am Rand sehr fein gesägt; Blüten klein, gelbgrün, mit meist fünf Blütenblättern; Rinde zunächst olivgrün, später aschfarben, mit feinen Rissen; Früchte karminrote kantige Kap-seln, giftig

- **Vorkommen**
  krautreiche Laubmisch-wälder, Bergwälder, Wald-ränder in niederschlags-reichen Gegenden

- **Verbreitung**
  Süd-, Mittel- und Südost-europa

31

- ▶ Strauch
- ▶ Mai bis Juni
- ▶ 1–3 m

▶ **Merkmale**
Blätter oval, mit kurzer Spitze, Blattstiel 1–3 cm lang; Blüten gelbgrün, stehen in Büscheln zu zwei bis acht in den Achseln der Blätter; Rinde grau bis schwarz, innen gelbrot, feinrissig; Frucht eine schwarze, erbsengroße, beerenartige Steinfrucht, giftig

▶ **Vorkommen**
Waldränder, Hecken, Feldgehölze, Trockenhänge, im Gebirge bis etwa 1.200 m

▶ **Verbreitung**
fast ganz Europa

Echter Kreuzdorn
Rhamnus catharticus

Wenn Maler früher die Farbe „saftgrün" brauchten, verwendeten sie die unreifen Beeren des Kreuzdorns. Auch in der Medizin des Mittelalters spielte der Strauch eine große Rolle. Sein damaliger Name „Purgierdorn" weist schon auf die stark abführende Wirkung seiner Früchte hin. Diese enthalten Glykoside, die Erbrechen und starken Durchfall auslösen. Aber auch zum Färben von Wolle fanden sie Anwendung. Wohl deshalb wurde der Strauch häufig in Feldhecken angepflanzt. Dort spielt er auch heute noch eine wichtige ökologische Rolle: Die Raupen des Zitronenfalters können sich an seinen Blättern entwickeln.

Blüten und Blätter

Falscher Jasmin
Philadelphus coronarius

Aus den Zweigen des Falschen Jasmins läßt sich das Mark leicht herauslösen. Kinder basteln sich deshalb gerne Pfeifen daraus. Der Strauch mit den straff aufrechten Zweigen und den intensiv duftenden Blüten ist anspruchslos und gedeiht auf fast allen Böden. Er blüht selbst an schattigen Standorten und ist auch im mitteleuropäischen Klima ausreichend winterhart. Deshalb gehört er in unseren Gärten zu den häufig gepflanzten Blütensträuchern und ist in vielen Sorten im Handel. Manche dieser Sorten haben gefüllte Blüten, in denen die Staubblätter zu kleinen Kronblättern umgeformt sind.

Blüten und Blätter

▸ **Strauch**
▸ **Juni**
▸ **1–3 m**

▸ **Merkmale**
Blätter eiförmig, zugespitzt, unten schwach behaart; Blüten weiß, duftend, stehen zu fünf bis neun in dichten Trauben am Ende der Äste; Rinde braun, blättert in langen Streifen ab; Kapselfrucht

▸ **Vorkommen**
ursprünglich in lichten Laubwäldern, wärmeliebenden Gebüschen; vielfach angepflanzt und verwildert

▸ **Verbreitung**
Heimat Südeuropa, in Mitteleuropa seit dem 17. Jahrhundert

- Strauch
- Juli bis September
- 2–5 m

- **Merkmale**
  Blätter 15–25 cm lang,
  unten weißfilzig behaart;
  Blüten lila, blau, rosa,
  purpurrot, selten weiß,
  stehen in dichten Rispen
  am Ende der Stengel, duften sehr intensiv; Rinde
  graubraun, dünn; Frucht
  eine Kapsel, 6–8 mm lang

- **Vorkommen**
  Zierpflanze, vor allem in
  ländlichen Gärten, manchmal verwildert

- **Verbreitung**
  Heimat China, in Teilen
  Mittel- und Westeuropas
  eingebürgert

Sommerflieder
Buddleja davidii

Blüten und Blätter

Im August zieht der Strauch Falter
mitten in der Stadt magisch an.
Schmetterlinge wie Admiral, Kleiner
Fuchs, Tagpfauenauge oder Distelfal-
ter lieben die purpurnen Blüten mit
dem reichlichen Nektarangebot. Der
Sommerflieder ist ein wärmelieben-
der Zierstrauch, der erst in den letzten Jahrzehnten aus China nach
Europa eingeführt wurde. Er
braucht zum Gedeihen nährstoffreichen, lockeren Boden und mildes Klima. In strengen mitteleuropäischen Wintern friert er oft stark
zurück, erholt sich aber rasch wieder. Seinen lateinischen Gattungsnamen erhielt der Sommerflieder zu
Ehren des englischen Pflan-
zenliebhabers Adam Buddle.

Gewöhnlicher Schneeball
Viburnum opulus

Wenn der Schneeball blüht, sieht er von weitem aus, als leuchten weiße Blütenkugeln im Laubgrün. In diesen Blütenständen fallen zwei Arten von Blüten auf: Große, weithin leuchtende, weiße Randblüten und deutlich kleinere, leicht gelbliche Innenblüten. Die Randblüten sind unfruchtbar, die inneren Blüten

Blatt

sind zwittrig, locken mit ihrem eigenartigen Geruch vor allem Fliegen an. Die roten Früchte des Gewöhnlichen Schneeballs sind roh ungenießbar, werden sogar von den Vögeln verschmäht. Sie sollen, in Mengen roh gegessen, zu tödlichen Vergiftungen führen. Jährlich schädigt der Schneeballkäfer die Blätter.

▸ Strauch
▸ Mai bis Juli
▸ 2–4 m

▸ **Merkmale**
Blätter gestielt, meist dreilappig, oben kahl, unten in den Nervenwinkeln behaart; Blüten weiß, in doldenartigen Blütenständen am Ende der Stengel; Rinde gelbgrau, längsrissig; Früchte erbsengroße rote Beeren

▸ **Vorkommen**
wild in feuchten Laubwäldern, Auwäldern, an Bachufern, auch Ziergehölz

▸ **Verbreitung**
mit Ausnahme des äußersten Nordens in ganz Europa verbreitet

- Laubbaum
- Februar bis März
- 25–30 m

- **Merkmale**
  Blätter tief fünflappig, Lappen lang zugespitzt, oben hellgrün, unten silbergrau; Blüten grün, in dichten Büscheln, weibliche langgestielt, männliche kurzgestielt; Rinde zunächst grau, glatt, später dünnschuppige Borke; Früchte mit stumpfwinklig gespreizten Flügeln

- **Vorkommen**
  Auwälder, Laubmischwälder der Tieflagen

- **Verbreitung**
  Heimat Nordamerika, in Europa angepflanzt

Silber-Ahorn
Acer saccharinum

Der Silber-Ahorn ist ein schönbelaubter Baum mit malerisch überhängenden Zweigen. Weil er schnell wächst – in 50 Jahren kann er 30 m hoch werden –, frosthart ist und Stadtklima gut verträgt, wird er bei uns als Zierbaum in Parks und Gärten geschätzt. Allerdings sollte er nur an windgeschützten Stellen gepflanzt werden, denn er neigt im Alter zu Windbrüchigkeit. Sein Baumsaft enthält geringe Mengen Zucker und wird, ähnlich wie beim Zucker-Ahorn, in seiner Heimat zur Herstellung von Ahornsirup verwendet. Sein Holz ist im Vergleich zu dem anderer Ahornarten minderwertig und wird nicht genutzt.

Blätter

Berg-Ahorn
Acer pseudoplatanus

Im österreichi-
schen Isarwin-
kel bei Hinter-
riß gibt es im
sogenannten
Ahornboden ein-
drucksvolle alte Berg-
Ahornbäume. Dieser
Baum gilt bei den Förstern

Blüten und Blätter

als Musterknabe. Er wächst
kerzengerade und liefert ein äußerst wertvolles, fast
weißes Holz. Nicht umsonst haben Geigenbauer in
den Bergen eine lange Tradition. Der Berg-Ahorn
liefert das Klangholz für Cello, Geige, Gitarre und
auch Flöten. Er ist unser größter einheimischer
Ahorn und kann über 500 Jahre alt werden. Der
Berg-Ahorn spielte für Menschen schon immer eine
große Rolle: Auch das trojanische Pferd soll aus seinem Holz gezimmert worden sein.

▶ Laubbaum
▶ April bis Mai
▶ 30−40 m

▶ **Merkmale**
Blätter groß, derb, fünflappig; Blüten gelbgrün, hängen in langen Trauben,
erscheinen nach dem
Laub; Rinde zunächst
graubraun, glatt, wird
später zu einer sich ab-
schuppenden Borke;
Früchte mit etwa recht-
winklig zueinander ange-
ordneten Flügeln

▶ **Vorkommen**
Buchenmischwälder im
Gebirge, an Gebirgs-
bächen, in feuchten
Gebirgstälern

▶ **Verbreitung**
überall in Europa häufig

37

Französischer Ahorn
Acer monspessulanum

- Laubbaum
- April bis Mai
- 2–10 m

Merkmale
Blätter klein, derb, dreilappig, oben glänzend dunkelgrün, unten bläulich; Blüten grüngelb, zu hängenden Dolden zusammengefaßt; Rinde grau, rissig; Früchte mit parallel zueinander liegenden Flügeln

Vorkommen
wärmeliebend; besiedelt sonnige trockene Hänge, lichte Trockenwälder

Verbreitung
Rhein-, Mosel- und Nahetal, Verbreitungsschwerpunkt in Süd- und Südosteuropa

Nur als kleines Relikt kommt der Französische Ahorn in den Weinbaugebieten Deutschlands vor. Häufiger steht er in Südfrankreich in der Nähe von Burgen und wird dort sogar Burgen-Ahorn genannt. Der Französische Ahorn gedeiht auch noch auf mageren Böden, wächst dafür aber sehr langsam und wird höchstens 10 m hoch. Seine Blüten erscheinen mit den Blättern im Mai. Sie produzieren reichlich Nektar und werden von Insekten, vor allem von Bienen besucht. Seine Früchte zerfallen im Reifezustand in zwei Teilfrüchte und werden vom Wind verbreitet. Schädlinge verschonen den Französischen Ahorn weitgehend.

Blüten und Blätter

Feld-Ahorn
Acer campestre

In vielen Wohnungen liegt uns
der Feld-Ahorn zu Füßen.
Sein Holz ist rötlichweiß,
wunderschön gemasert
und wird zu wertvollen
Parkettfußböden verar-
beitet. Auch Tischplat-
ten sind oft aus Ahorn.
Der Feld-Ahorn ist ein
Baum der Waldränder
und Hecken. Er wird
erst mit 25 Jahren
blühreif und wächst deutlich langsamer als alle anderen Ahornarten. Unter günstigsten Standortbedingungen erreicht er in 50 – 60 Jahren eine Höhe von
etwa 15 m. Von Krankheiten wird der Feld-Ahorn selten befallen. Häufig sind rote Pusteln auf den Blatt-
oberseiten zu sehen. Diese Gallen werden von einer
Gallmilbe verursacht.

Blüten und Blätter

▶ Laubbaum
▶ April bis Mai
▶ 10 – 15 m

▶ **Merkmale**
Blätter klein, derb,
drei- bis fünflappig, Blatt-
stiele mit Milchsaft; Blüten
gelbgrün, zunächst auf-
rechte, später überhängen-
de Dolden, erscheinen mit
den Blättern; Rinde zu-
nächst hellbraun, glatt,
wird zu netzartig aufgeris-
sener Borke; Früchte mit
waagerecht ausgebreiteten
Flügeln

▶ **Vorkommen**
Laubmischwälder, Wald-
und Feldränder, Hecken

▶ **Verbreitung**
Europa, Kleinasien

- Laubbaum
- April bis Mai
- 20 – 30 m

- **Merkmale**
  Blätter fünf- bis siebenlappig, einzelne Lappen
  scharf zugespitzt, Blatt-
  stiele mit Milchsaft; Blüten
  gelbgrün, in stehenden
  Dolden, erscheinen kurz
  vor dem Laub; Rinde bildet
  frühzeitig dunkelbraune
  Borke mit Längsrissen;
  Früchte mit fast waagrecht
  abstehenden Flügeln

- **Vorkommen**
  Vom Tiefland bis in
  1.000 m Höhe in Laub-
  mischwäldern, Auwäldern

- **Verbreitung**
  Europa, Kleinasien

Spitz-Ahorn
Acer platanoides

Spitze Zähne – stumpfe
Buchten: Daran sind
seine Blätter zu erken-
nen. Der Spitz-Ahorn
ist ein sommergrü-
ner Laubbaum mit
schlankem, gera-
dem Stamm und
einer gewölbten
Krone. Er kann bis zu
30 m hoch und etwa 150

Blatt

Jahre alt werden. Seine Blüten bieten reichlich Nektar und werden von Bienen bestäubt. Bienen besuchen den Baum den ganzen Sommer. Nach der Blüte
sammeln sie Honigtau, das sind die zuckersüßen
Ausscheidungen von Blattläusen. Die Blätter des
Spitz-Ahorns färben sich im Herbst in allen Schattie-
rungen von goldgelb bis tiefrot. Sein leicht polier-
bares Holz ergibt wertvolle Musikinstrumente.

Schwarzer Holunder
Sambucus nigra

Holundersträucher wachsen oft in der Nähe von Kaninchenbauten. Auf dem Dorf findet man sie häufig in der Nähe des Misthaufens. Dieser Strauch ist ein Anzeiger für gedüngte Böden. Ein Hollerstrauch vor dem Haus galt früher als Segensbringer. Niemand hätte gewagt, diese „lebende Hausapotheke des deutschen Einödbauern" umzuhacken oder auszureißen. Schließlich ist er vielfältig einsetzbar: Seine Zweige, in das Zaumzeug von Pferden gesteckt, vertreiben Fliegen und Plagegeister. Aus den Blüten machte man Hollersekt, und die Früchte sind heute noch als Fliederbeersaft oder Fliedertee das beste Hausmittel gegen Fieber.

Blütenstand

► Strauch
► Juni bis Juli
► 2 – 7 m

► **Merkmale**
Blätter unpaarig gefiedert, mit meist fünf Fiederblättchen; Blüten weiß, stark duftend, stehen in flachen, doldenartigen Blütenständen am Ende der Äste; Rinde graubraun, rissig; Früchte kleine, glänzend schwarze Beeren mit rotem Saft, eßbar

► **Vorkommen**
feuchte Wälder, Waldränder, Hecken, Gebüsche, in Siedlungsnähe

► **Verbreitung**
mit Ausnahme des hohen Nordens in ganz Europa

- ▶ Strauch
- ▶ März bis Mai
- ▶ 1 – 4 m

▶ **Merkmale**
Blätter unpaarig gefiedert mit meist fünf Fiederblättchen; Blüten grüngelb, in aufrechten, kegelförmigen Rispen am Ende der Äste, erscheinen mit den Blättern; Rinde dunkelbraun; Früchte scharlachrote Beeren, nicht eßbar

▶ **Vorkommen**
Kahlschläge und Lichtungen der Mittelgebirgsregion, in den Alpen bis zur Laubwaldgrenze, in der Ebene selten

▶ **Verbreitung**
Mittel- und Südeuropa

Trauben-Holunder
Sambucus racemosa

Der Trauben-Holunder ist eine typische „Schlagpflanze". Nach Windbrüchen besiedelt er vor allem Bergwaldlichtungen als erster Strauch. Vom Schwarzen Holunder unterscheidet er sich durch seine etwas kleineren Blätter, seine Blütenstände aus grüngelben Blüten und durch seine roten Früchte. Diese Früchte, die von Ende Juni bis Mitte August reifen, sind schwach giftig. Sie sollten auf keinen Fall roh gegessen werden. Sie enthalten Stoffe, die Verdauungsstörungen auslösen. Aber nach Erhitzen und Entfernen der Samenkerne ergeben sie einen guten Saft. Die Früchte liefern auch ein wertvolles Speiseöl.

Blütenstand und Blätter

Gewöhnliche Waldrebe
Clematis vitalba

In Süddeutschland ist manchmal der Wald vor lauter Waldreben nicht mehr zu sehen. Besonders entlang der Donau überwuchert diese Pflanze schnell jeden Busch und Baum. Die Gewöhnliche Waldrebe ist eine der wenigen einheimischen Lianen. Sie umwindet Zweige von Bäumen und Sträuchern und rankt sich hoch, manchmal bis hinauf in den Kronenbereich. Damit bringt sie ihre Blätter an das Licht und entgeht der Lichtkonkurrenz der Laubbäume. Im Winter fällt die Waldrebe wegen ihrer wollig behaarten Früchte besonders auf. Die Pflanze ist giftig. Ihr Saft enthält Stoffe, die ätzend und hautreizend wirken.

Kletterstengel

▶ kletternder Strauch
▶ Juni bis September
▶ 1–10 m

▶ **Merkmale**
Blätter unpaarig gefiedert, Teilblättchen bis 10 cm lang; Blüten rahmweiß, stehen in Gruppen in den Achseln der oberen Blätter oder am Ende der Stengel; Rinde grau, schält sich in Streifen ab; Früchte kleine braune Nüßchen mit langen, weißen, zottigen Anhängen

▶ **Vorkommen**
Auwälder, Waldränder, Gebüsche, auf kalkhaltigen Böden

▶ **Verbreitung**
in ganz Europa häufig

43

▶ Laubbaum
▶ April bis Mai
▶ 25–40 m

▶ **Merkmale**
Blätter oval, zugespitzt, oben frischgrün, unten heller und entlang der Adern behaart; Blüten in dichten Büscheln, violett, erscheinen vor den Blättern; Rinde graugrün, feinrissig; Früchte lang geflügelt, hängen in Büscheln; Winterknospen tiefschwarz

▶ **Vorkommen**
Au- und Schluchtwälder mit lockeren, feuchten nährstoffreichen Böden

▶ **Verbreitung**
in ganz Europa häufig

Gewöhnliche Esche
Fraxinus excelsior

Die Esche ist ein Baum der Auwälder und Niederungen. Zusammen mit der Schwarz-Erle und verschiedenen Weidenarten säumt sie Bäche und Flußtäler. Die Esche ist einer der höchsten einheimischen Laubbäume. Ihrer stattlichen Höhe verdankt sie auch ihren Artnamen: „excelsior" bedeutet herausragend. Während der ersten 40 Jahre ihres Lebens wächst sie sehr rasch, und beendet ihr Höhenwachstum mit etwa 100 Jahren. Waldbaulich gilt die Esche als wertvolle Baumart, denn sie liefert ungewöhnlich elastisches Holz. Früher machte man daraus Wagenräder, Leitern oder Ski, heute sind es Turngeräte und Werkzeugstiele.

Blattknospen und Blüten

44

Blumen-Esche
Fraxinus ornus

Die Blumen-Esche wächst in Südeuropa auf sonnigen und trockenen Kalkhängen. Der Artname „ornus" weist daraufhin, er leitet sich von dem griechischen Wort „oreinos" ab. Das heißt übersetzt „auf dem Berge stehend". In Sizilien und Kalabrien wird die Blumen-Esche auch in Plantagen angebaut, um Manna zu gewinnen. Das ist ein Saft, der aus ihren angeritzten Ästen und Zweigen fließt. Ein wesentlicher Bestandteil dieses Manna ist Mannit, ein süßschmeckender Alkohol, der zur Herstellung von Heilmitteln verwendet wird. Das Manna der Bibel dagegen stammt von Schildläusen, die den Zuckersirup ausscheiden.

Knospen

▶ Laubbaum
▶ Mai bis Juni
▶ 6–8 m

▶ **Merkmale**
Blätter oval, zugespitzt, oben dunkelgrün, unten heller, oben kahl, unten behaart; Blüten in dichten Büscheln, weiß, duftend, erscheinen erst nach Entfaltung der Blätter; Früchte braun, geflügelt; Rinde dunkelgrau, glatt; Winterknospen graufilzig

▶ **Vorkommen**
Parkbaum in wintermilden Gegenden

▶ **Verbreitung**
Heimat Mittelmeergebiet, in Mitteleuropa angepflanzt

Eschen-Ahorn
Acer negundo

- ▶ Laubbaum
- ▶ April
- ▶ 15–20 m

▶ **Merkmale**
Blätter lang spitz, unpaarig gefiedert; weibliche Blüten lange hängende Trauben, männliche Blüten in dichten Büscheln; Rinde erst hellgrau, glatt, später quer- und längsrissige Borke; Früchte mit spitzwinklig zueinander stehenden Flügeln

▶ **Vorkommen**
natürlich in Auwäldern, in Parks gepflanzt

▶ **Verbreitung**
Heimat Nordamerika, in Europa gepflanzt, örtlich verwildert

Für Pollenallergiker kann vielleicht der Eschen-Ahorn bald Abhilfe schaffen. In den USA versucht man, aus dessen Pollen neue Medikamente gegen diese Krankheit zu gewinnen. Seit 1688 gibt es den Baum mit der sperrigen und überhängenden Krone auch in Europa. Der Eschen-Ahorn blüht lange vor dem Laubaustrieb. Seine Blätter sind ungewöhnlich und passen gar nicht zu einem Ahorngewächs. Sie ähneln eher denen der Esche. Aus dieser Kombination entstand auch der Name. Der häufige Zierbaum hat sich in Europa mittlerweile zum Kulturfolger in Feuchtgebieten entwickelt. Als Forstbaum eignet er sich nicht.

weibliche (unten) und
männliche Blüten (oben)

Gewöhnliche Roßkastanie
Aesculus hippocastanum

Die Roßkastanie stammt aus den Bergwäldern des Balkans. Von dort gelangte sie im 16. Jahrhundert nach Wien. Wegen ihrer Blütenkerzen wurde sie schon bald nach ihrer Einführung überall in Europa zum Zierbaum von Straßen und Plätzen. Nur im hohen Norden fehlte sie. Ihre Blätter färben sich im Herbst goldgelb und hinterlassen nach dem Abfallen einen hufeisenförmigen Abdruck an den Zweigen. Diesen Blattnarben verdankt sie ihren Namen. Seit wenigen Jahren befallen die Raupen einer winzigen Motte die Blätter und lassen diese oft schon im Juli welken. Aus Rinde und Samen werden Naturheilmittel hergestellt.

Blatt

▶ **Laubbaum**
▶ **Mai bis Juni**
▶ **10–25 m**

▶ **Merkmale**
Blätter handförmig, aus fünf bis sieben Einzelblättchen zusammengesetzt; Blüten weiß, in aufrechten Blütenständen (Kerzen); Rinde zunächst hellbraun, glatt, im Alter graubraun, rissig; Frucht stachelige Kapsel, die ein bis drei Samen (= Kastanien) enthält.

▶ **Vorkommen**
Parkanlagen, Gärten, Alleen, liebt nahrhafte Sand- und Lehmböden

▶ **Verbreitung**
in ganz Mitteleuropa gepflanzt

47

- ▶ Laubbaum
- ▶ Mai bis Juni
- ▶ 10–15 m

- ▶ **Merkmale**
  Blätter kleiner, dunkler und
  derber als die der Gewöhnlichen Roßkastanie; Blüten
  leuchtend rot, in aufrechten Blütenständen (Ker-
  zen); Frucht grüne, glatte
  oder mit wenig Stacheln
  besetzte Kapsel mit ein bis
  drei Samen (Kastanien);
  Rinde braunrot mit Längsstreifen

- ▶ **Vorkommen**
  Standorte mit lockeren,
  nahrhaften Böden

- ▶ **Verbreitung**
  in ganz Mitteleuropa häufig gepflanzt

Rotblühende Roßkastanie

Aesculus x *carnea*

Als Gärtner die Gewöhnliche
Roßkastanie mit der ame-
rikanischen Roten
Kastanie kreuzten, ent-
stand eine wunder-
schön rotblühende
Form. Im Unterschied
zu ihrem europäischen
Elternteil sind die Blätter
dieses Baumes deutlich
kleiner, derber und oft kurz
gestielt. Auch seine Früchte
sind kleiner, auf den Fruchtschalen stehen nur wei-
che, kleine Stacheln oder sie fehlen ganz. Außerdem
blüht sie zwei Wochen später als die Gewöhnliche
Roßkastanie und ist weniger frosthart. Ihre Blätter
verfärben sich im Herbst nicht leuchtend goldgelb,
sondern fallen ausgeblichen grün oder bräunlich ver-
trocknet vom Baum.

Blätter

Pimpernuß
Staphylea pinnata

Die Samen der Pimpernuß trugen abergläubische Menschen früher als sogenannte „Glücksnüßchen" immer bei sich. Sie waren der festen Überzeugung, sie könnten mit einer Kette aus Pimpernüssen das Glück festhalten. Die Pimpernuß oder Klappernuß ist ein schöner Strauch, der nur in sonnigen, trockenen Lagen gedeiht. Die Fruchtkapseln der Pimpernuß haben zwei bis drei Fächer und in jedem Fach liegen meist zwei Samennüsse. Der Name „Pimpernuß" kommt vom altdeutschen Ausdruck für klappern und beschreibt das Schüttelgeräusch der Samen in der Fruchtkapsel. Der Strauch kommt nördlich nur bis zur Mainlinie vor.

Blüten und Frucht

▶ **Strauch**
▶ **Mai bis Juni**
▶ **1,5–5 m**

▶ **Merkmale**
Blätter unpaarig gefiedert, langgestielt; Blüten rötlichweiß, glockig, in hängenden Trauben; Rinde der Zweige anfangs grün, später glänzend braun; Frucht eine grüne, dünnhäutige, runde Kapsel; Samen gelbbraun

▶ **Vorkommen**
Liebt warmen, kalkhaltigen, nahrhaften Boden; besiedelt vereinzelt lichte Laubmischwälder, Waldränder; auch Zierstrauch

▶ **Verbreitung**
Mittel- und Südeuropa

49

- ▶ Strauch
- ▶ April
- ▶ 2–6 m

- ▶ **Merkmale**
  Blätter schmal, lang, oben graugrün, unten silbrigweiß, schilferig; Blüten klein, gelb, sitzen an der Basis vorjähriger Triebe; Zweige dornig; Rinde zunächst dunkelbraun, glatt, später graubraun und rissig; Frucht eine orangefarbene beerenartige Steinfrucht, eßbar

- ▶ **Vorkommen**
  Meeresküsten, Flußufer, felsige Hänge, auf sand- und kieshaltigen Böden

- ▶ **Verbreitung**
  fast ganz Europa

Sanddorn
Hippophaë rhamnoides

Der merkwürdige wissenschaftliche Name „Hippophae" stammt aus der Zeit, als der Sanddorn das wichtigste Augenheilmittel für Pferde war (griechisch heißt Pferd hippos und Licht phaos). Die Anpflanzung des Sanddorns als Gartenstrauch und Zierde von Autobahnböschungen ist noch aus weiteren Gründen empfehlenswert. Sanddornfrüchte reifen ab September, bleiben den Winter über an den Zweigen und sind für Krähen und Dohlen, Drosseln, Stare, Fasane und sogar für Füchse und Wildschweine ein begehrtes Futter. Sie enthalten fünfmal mehr Vitamin C als Zitrusfrüchte und werden in der Naturheilkunde eingesetzt.

Früchte

Gewöhnlicher Seidelbast
Daphne mezereum

Der Gewöhnliche Seidelbast ist ein geschützter Strauch, der oft in Gesellschaft von Buchen wächst. Früher hieß er Zeidelbast. Das bezieht sich auf den germanischen Gott Ziu, dem die Pflanze geweiht war. Die Früchte des Seidelbastes, fleischige Beeren, die einen schwarzen Steinkern umschließen, reifen ab Juni und werden gerne von Drosseln, Hänflingen und Bachstelzen gefressen. Für viele andere Tiere und auch für den Menschen sind sie giftig. Bereits sechs dieser Beeren sollen einen Wolf töten, heißt es in einem bekannten Kräuterbuch des letzten Jahrhunderts. Auch Blätter und Rinde enthalten die gleichen Giftstoffe wie die Beeren.

Blüten

▶ **Kleinstrauch**
▶ **Februar bis April**
▶ **0,5–1,2 m**

▶ **Merkmale**
Blätter länglich, schmal, büschelig angeordnet, erscheinen erst nach der Blütezeit; Blüten violett, duftend, wachsen meist in Gruppen zu dreien direkt an den holzigen Zweigen; Rinde gelbbraun; Früchte erbsengroße, leuchtend hellrote Beeren, giftig

▶ **Vorkommen**
auf kalkhaltigen Böden in schattigen Laubmischwäldern des Berglandes, in Auwäldern

▶ **Verbreitung**
fast ganz Europa

- Zwergstrauch
- April bis Juli
- 10–40 cm

- **Merkmale**
  Blätter schmal, ledrig, gleichmäßig über die Zweige verteilt; Blüten purpurrot, duften nach Flieder, stehen in Gruppen zu 5–15 am Ende der Zweige; Früchte rotbraune Beeren, giftig; Rinde braun, Zweige kurzbehaart

- **Vorkommen**
  wärmeliebend, besiedelt trockene Wälder, Waldränder, Bergwiesen, sonnige Gebüsche

- **Verbreitung**
  Alpen, vor allem südliche Kalkalpen

Rosmarin-Seidelbast, Steinröserl
Daphne cneorum

Flieder- und Nelkenduft im Frühling am Rande eines Bergbuchenwaldes, damit lockt das Steinröserl die ersten Falter an. Dieser nahe Verwandte des Gewöhnlichen Seidelbastes bildet blütenübersäte Polster. In den Alpen hat er zwei getrennte Verbreitungsgebiete: vom Vierwaldstätter See bis zu Inn und Eisack und von den südlichen Kalkalpen bis in die Karawanken. Die Früchte sind ledrig trocken. Sie werden von Vögeln und Ameisen verbreitet. Alle Pflanzenteile enthalten hoch wirksame Giftstoffe. Schon das Pflücken eines Zweiges kann bei empfindlichen Menschen starke Hautreizungen hervorrufen.

Blüten

Preiselbeere
Vaccinium vitis idaea

Die berühmte Marme-
lade zu Wildgerichten
stammt aus den Nadel-
wäldern der Alpen und
Skandinaviens. Dort
blühen und fruchten
Preiselbeersträucher
sogar zweimal im Jahr.
Die späten Früchte

Blüten und Blätter

werden Winterzäcken genannt und schmecken noch
besser als die herbsüßen Sommerfrüchte. Preiselbeeren enthalten viel Vitamin C und sind ein sehr ge-
schätztes Wildobst. Die Blätter finden Verwendung
in Blutreinigungsmitteln und gegen rheumatische
Krankheiten. In einer wildromantischen bretoni-
schen Sage können Preiselbeeren sogar noch mehr:
Einem hübschen Mädchen wuchsen nach dem Bade
in Preiselbeerwasser die abgeschlagenen Arme wieder nach.

▶ **Strauch**
▶ **Mai bis Juni**
▶ **10–40 cm**

▶ **Merkmale**
Blätter immergrün, derb,
Rand nach unten umge-
rollt, oben glänzend dun-
kelgrün, unten braun
punktiert; Blüten weiß,
glockenförmig, in hängen-
den Trauben am Ende der
Äste; Zweige rund, mit
grüner Rinde, behaart;
reife Früchte kugelige,
leuchtend rote Beeren,
mehlig

▶ **Vorkommen**
warme Kiefernwälder,
Moore und Heiden

▶ **Verbreitung**
Mittel- und Nordeuropa,
fehlt in Kalkgebieten

- ▶ Strauch
- ▶ Mai bis Juli
- ▶ 30–100 cm

▶ **Merkmale**
Blätter eiförmig, sommergrün, oben blaugrün, unten graugrün mit vorstehenden Blattnerven; Blüten weiß oder rosa, glockenförmig, zu zwei bis drei in den Achseln der oberen Blätter; Zweige rund, mit brauner Rinde; Frucht eine dunkelblaue Beere mit farblosem Saft, 8 mm groß

▶ **Vorkommen**
Kiefern- und Birkenmoore, Latschenhalden, Zwergstrauchgebüsche

▶ **Verbreitung**
fast ganz Europa

Gewöhnliche Rauschbeere
Vaccinium uliginosum

Als typische Moorpflanze braucht die Rauschbeere zum Gedeihen torfhaltigen, feuchten Boden. Sie ist von der Ebene bis in Höhenlagen von 3.000 m anzutreffen, meidet aber sonnige Südhänge. Die reifen Früchte der Rauschbeere werden immer wieder als giftverdächtig eingestuft. Sie schmecken süßlich-fade und sollen, in Mengen gegessen, rauschartige Zustände verbunden mit Schwindel, Lähmungen und Sehstörungen hervorrufen. Giftstoffe konnten allerdings bislang aber nicht nachgewiesen werden. Möglicherweise sind diese Vergiftungen auf eine Infektion der Beeren mit dem Pilz *Sclerotina megalospora* zurückzuführen.

Blüten und Blätter

Immergrüne Bärentraube
Arctostaphylos uva-ursi

Die Immergrüne Bärentraube ist der Frühlingsbote der Alpen. Sie blüht an geschützten Standorten schon bald nach der Schneeschmelze. Ihre Blüten werden von Bienen und Hummeln bestäubt, ihre Samen von Schneehühnern, Tannenhähern und Wacholderdrosseln verbreitet. Der Strauch wächst teppichartig und ist von der Ebene bis in Höhenlagen von 2.500 m anzutreffen. Die Immergrüne Bärentraube ist eine alte Heilpflanze. Ihre getrockneten Blätter sind Hauptbestandteil jedes Blasen- und Nierentees. Darüber hinaus wurden sie früher wegen ihres hohen Gerbstoffgehaltes zum Gerben von Leder verwendet.

Blüten und Blätter

- ▸ Strauch
- ▸ März bis Juli
- ▸ 20 – 60 cm

- ▸ **Merkmale**
  Blätter verkehrt-eiförmig, immergrün, derb, oben und unten fast gleichfarbig; Blüten weiß- bis hellrosafarbene, krugförmige Glöckchen, hängen in Gruppen am Ende der Zweige; Äste mit braunroter, schilfriger Rinde; Frucht eine leuchtend rote Beere, mehlig, ähnlich der Preiselbeere

- ▸ **Vorkommen**
  lichte Kiefernwälder, Heiden, alpine Matten

- ▸ **Verbreitung**
  fast ganz Europa

Bewimperte Alpenrose
Rhododendron hirsutum

- ▶ Strauch
- ▶ Mai bis Juli
- ▶ 0,7 – 1,5 m

- ▶ **Merkmale**
  Blätter ledrig derb, auf beiden Seiten lebhaft grün, am Rand mit langen Haaren bewimpert; Blüten rosa bis hellrot, duftend, stehen in Büscheln zu drei bis zehn an den Enden der Zweige; Rinde hellbraun; Frucht eine vielsamige Kapsel

- ▶ **Vorkommen**
  auf Kalkschutt und Geröll, an steinigen Hängen, als Unterwuchs in lichten Kiefernwäldern

- ▶ **Verbreitung**
  mittlere und östliche Alpen

Alpenrosen sind mittlerweile streng geschützt. Zu verlockend war es wohl, einen Strauß Almrausch im Urlaub aus den Bergen mitzunehmen. In Europa gibt es sechs Alpenrosenarten. Die bekannteste neben der Rostblättrigen Alpenrose ist die Bewimperte Alpenrose. Sie kommt als immergrüner Zwergstrauch nur im Kalkgebirge vor, bleibt meist etwas niedriger als die Schwesterart, ist dafür weiter verzweigt und dichter beblättert. Beide Sträucher liefern Heilmittel gegen Rheuma und Gicht, beide werden von langrüsseligen Hummeln oder Bienen bestäubt. Alpenrosentracht ergibt einen wunderbar würzigen Honig.

Blüten und Blätter

Rostblättrige Alpenrose
Rhododendron ferrugineum

Bergbauern unterscheiden die beiden Alpenrosenarten genau: Die Rostblättrige Alpenrose nennen sie Echte Alpenrose oder Rostzetten, die Bewimperte Alpenrose heißt bei ihnen Almrausch oder Rauhzetten. Beide Alpenrosenarten können ein Alter von mehr als 100 Jahren erreichen, werden trotz strengster Naturschutzbestimmungen in einigen Regionen immer noch als Weideunkräuter bekämpft. Die Rostblättrige Alpenrose ist ein immergrüner, niedriger Strauch, der hauptsächlich auf feuchten, kalkarmen und humusreichen Böden wächst. Auf Kalk kommt er nur vor, wenn dieser durch eine dicke Humusdecke isoliert ist.

Blüten und Blätter

▶ Kleinstrauch
▶ Juni bis August
▶ 0,7–1,5 m

▶ **Merkmale**
Blätter schmal, ledrig derb, oben dunkelgrün, unten rostbraun (Name); Blüten rot, in Gruppen zu fünf bis zwölf am Ende der Zweige; Rinde der Zweige graubraun; Frucht eine fünffächerige, vielsamige Kapsel

▶ **Vorkommen**
Almweiden, Zwergstrauchgesellschaften an der Waldgrenze, bevorzugt in Höhen zwischen 1.700 und 2.000 m

▶ **Verbreitung**
Alpen, Pyrenäen, Apennin, Teile des Balkans

- Strauch
- Mai bis Juni
- 20–60 cm

Merkmale
Blätter oval, graugrün, am Rand behaart; Blüten goldgelb, stehen in dichten Trauben am Ende der Stengel; Rinde junger Zweige behaart, ältere mit Dornen; Früchte längliche schwarzbraune Hülsen, dicht behaart

Vorkommen
sonnige trockene Wälder, Waldränder, Magerwiesen, Heiden

Verbreitung
kalkarme Gebiete Mitteleuropas, selten in Küstennähe, fehlt im Alpengebiet

Deutscher Ginster
Genista germanica

Wo Heide steht, ist dieser Ginster nicht weit. Seine goldgelben Blüten verleiten zum Pflücken. Doch der Deutsche Ginster wehrt sich, anders als der Besenginster, mit kräftigen Dornen. Seine rutenförmigen Äste sind aber nur im unteren Bereich mit grünen, bis zu 2 cm langen Dornen besetzt, im oberen Bereich sind sie unbewehrt. Dieser Strauch wächst bevorzugt auf nährstoffarmen Böden. Äste, Blätter und Blüten enthalten Gerbstoffe und einen gelben Farbstoff. Die linsenförmigen Samen des Deutschen Ginsters enthalten das Alkaloid Cytisin. Deshalb muß die Pflanze zu den Giftpflanzen gezählt werden.

Blüten und Blätter

Färber-Ginster
Genista tinctoria

Mit den Zweigen, Blättern und Blüten des Färberginsters lassen sich Wolle und Leinenstoffe leuchtend gelb färben. Diese Pflanzenteile enthalten Flavone. Alkaloide, die der Strauch ebenfalls reichlich enthält, schützen ihn vor dem Fraß vieler Tiere. Sie sind auch für den Menschen giftig. Alkaloide sind kompliziert gebaute, stickstoffhaltige, organische Verbindungen. Sie gehören zu den stärksten Giften, die wir kennen. Schon Konzentrationen im Milligrammbereich können bei Mensch und Tier den Tod herbeiführen. Aber in geeigneter Dosierung können sie in der Naturmedizin auch wirksame Heilmittel sein.

Blüten und Blätter

▶ Strauch
▶ Mai bis Juli
▶ 30–100 cm

▶ **Merkmale**
Blätter langgestreckt, spitz, dunkelgrün, fast kahl; Blüten gelb, stehen in Trauben am Ende der Stengel; Rinde der Zweige grün, dornlos, im unteren Teil kahl, oben behaart; Frucht eine 2–3 cm lange, braune, flache Hülse, enthält sechs bis zehn rundliche Samen

▶ **Vorkommen**
sonnige Wälder, Wegränder, trockene Wiesen, Heiden

▶ **Verbreitung**
im ganzen gemäßigten Europa häufig

59

- ▶ Strauch
- ▶ März bis April
- ▶ 2–4 m

- ▶ **Merkmale**
  Blätter schmal, 10–15 cm
  lang, Rand nach unten
  eingerollt, unten dicht
  weißhaarig; Blüten vor
  dem Laubaustrieb, sitzende Kätzchen, 2–4 cm lang;
  Rinde junger Zweige gelbbraun; Kapselfrucht

- ▶ **Vorkommen**
  besiedelt Auwälder und
  Auengebüsche an Fluß-
  und Bachufern, vorzugs-
  weise in tieferen Lagen

- ▶ **Verbreitung**
  wild in fast ganz Europa,
  wird darüberhinaus viel
  angepflanzt

Korb-Weide
Salix viminalis

Korbwaren aus Lichtenfels in Oberfranken sind ein
Markenzeichen. Korbflechter schneiden zweimal pro
Jahr die biegsamen Äste und Zweige der Korb-Weiden. Diese lassen sich schälen, spalten und, in Wasser eingeweicht, beliebig formen. Ohne Flechtwaren
aus Korb-Weiden war früher ein Haushalt oder ein
Bauernhof nicht vorstellbar. Zu Beginn
dieses Jahrhunderts wur-
den noch Flechtwaren
für mehrere Millionen
Goldmark pro Jahr in die
USA ausgeführt. Mitt-
lerweile haben Kunst-
stoffe diesen Naturstoff
fast verdrängt. Noch heute
prägen die Erntebäume der
Korbflechter als „Kopfweiden" das Bild vieler einheimischer Flußtäler.

Blätter und
weibliche Blüten

Netz-Weide
Salix reticulata

An den verschiedenen Weiden-Arten läßt sich schön erkennen, wie sich Pflanzen an unterschiedliche Lebensbedingungen anpaßten. Stehen Weiden normalerweise am Wasser, hat sich die Netz-Weide den arktischen Bereich erobert. Als liegender, kaum einen halben Meter hoher Zwergstrauch besiedelt sie aber auch die Matten der Alpen bis in 3.000 m Höhe. Wegen der nur kurzen Vegetationszeit wachsen diese Gletscher-Weiden sehr langsam. Sie werden kaum älter als 40 Jahre. Ihre Jahresringe sind so schmal, daß sie nur mikroskopisch erkennbar sind. Namensgebend ist das gut sichtbare Adernetz auf den Blättern.

Blätter und Wurzeln

▶ Zwergstrauch
▶ Juni bis August
▶ 5–30 cm

▶ **Merkmale**
Blätter mit stark hervortretendem Adernetz (Name), fast rund, oben dunkelgrün, glänzend, unten grau, Blattrand umgerollt; aufrechte, endständige Kätzchenblüten, erscheinen nach den Blättern; junge Zweige gelbbraun, ältere graubraun; Kapselfrucht

▶ **Vorkommen**
Schneetäler, offene Schutthalden, Hauptverbreitung zwischen 1.700 und 3.000 m

▶ **Verbreitung**
europäische Hochgebirge

- ▶ Strauch
- ▶ April bis Mai
- ▶ 0,3 – 1 m

▶ **Merkmale**
Blätter sehr klein, nur
1 – 4 cm lang, oben satt-
grün, etwas glänzend,
unten seidig behaart, Blattrand nach unten eingerollt;
Kätzchenblüten kugelig bis
eiförmig, erscheinen meist
kurz vor, manchmal auch
mit den Blättern; Rinde
braun; Kapselfrucht

▶ **Vorkommen**
Streuwiesen an oder auf
Mooren, Gebüsche an
Mooren, auch in Dünen
und Heiden

▶ **Verbreitung**
Nord-, West- und Mittel-
europa

Kriech-Weide
Salix repens

Den kleinsten Baum der Erde nannte der Botaniker
Carl von Linné die Kriech-Weide. Tatsächlich ist vom
Holz kaum etwas zu sehen. Dieser Baum kriecht mit
langen unterirdischen Ausläufern am Boden dahin.
Mit dieser Miniform kann er auch kalte Gebiete
besiedeln. In den Dünen der Nordseeküste durchzie-
hen seine unterirdischen Äste
ansehnliche Flächen und legen
den Sand endgültig fest. Seine
oberirdischen Zweige bilden
einen dichten Teppich und
lassen andere Pflanzen
kaum hochkommen. Am
häufigsten sind Kriech-
Weiden auf moorigen
Böden. Dort besetzen sie
hartnäckig Streuwiesen
und machen das Mähen
unmöglich.

Blätter und
weibliche Blüten

Ölweide
Eleagnus angustifolia

Die Ölweide ist leicht mit der Korb-Weide zu verwechseln. Die Blätter ähneln einander sehr. Die Unterscheidung der beiden Arten ist wesentlich einfacher, wenn man den Standort berücksichtigt. Stehen die Korbweiden entlang der Flüsse in der Ebene, besiedelt die Ölweide bevorzugt die Ufer- und Schotterbänke von Gebirgsflüssen. Aus ihren kleinen zitronengelben Blüten entwickeln sich Steinfrüchte, die der Kornelkirsche ähneln. Sie sind eßbar, schmecken mehlig-süß und werden getrocknet häufig zum Kuchenbacken verwendet. Die Samen enthalten bis zu 26 % fettes Öl. Aus dem Holz stellt man Musikinstrumente her.

Blätter

▶ Strauch oder kleiner Baum
▶ Juni
▶ 4–7 m

▶ **Merkmale**
Blätter lang, schmal, oben mattgrün, unten silbrig beschuppt; Blüten silbriggelb, stark duftend, stehen einzeln oder in Gruppen zu zwei bis drei in den Blattachseln; Früchte oval, 1–2 cm lang, silbrig-gelb; Rinde dunkelbraun, mit Längsrissen; Zweige dornig

▶ **Vorkommen**
Gebüsche, Dünentäler, Fluß- und Seeufer

▶ **Verbreitung**
Heimat Asien, im südlichen Mitteleuropa eingebürgert

- ▶ **Strauch oder kleiner Baum**
- ▶ **Mai bis Juni**
- ▶ **4 – 6 m**

- ▶ **Merkmale**
  Blätter kurz gestielt, bis 15 cm lang, unten dicht behaart; Blüten weiß, stehen einzeln am Ende der Zweige, Staubbeutel rot; Rinde aschgrau, springt in länglichen Platten ab; Frucht braun, apfelähnlich

- ▶ **Vorkommen**
  alte Obstgärten, Waldränder, Gebüsche in wintermilden Lagen

- ▶ **Verbreitung**
  Heimat Schwarzmeergebiet, in Mitteleuropa früher kultiviert, heute verwildert

Echte Mispel
Mespilus germanica

Die Mispel war der Apfel der Römer. Dieser Baum war sogar in einigen Wandgemälden von Pompeji abgebildet. Doch der ehemals wichtige Obstbaum wurde bald von neuen Obstzüchtungen verdrängt, denn seine zuckerreichen Früchte waren erst nach dem Frost roh eßbar. Noch heute steht die Mispel häufig in der Nähe menschlicher Siedlungen. Der kleine Baum mit seinen bedornten Trieben ist heute verwildert und wächst in Gebüschen und lichten Laubwäldern auf lockeren Lehmböden. Der Name „germanica" beruht auf einem Irrtum. Der berühmte Namensgeber Carl von Linné lernte die Mispel erst in Deutschland kennen. Aber sie ist nicht hier beheimatet.

Blüte und Blätter

Kirschlorbeer
Prunus laurocerasus

Der aus Südosteuropa stammende Kirschlorbeer ist zur Modepflanze öffentlicher
Anlagen und pflegeleichter Grünflächen
geworden. Wegen seiner überreichen
weißen Blüten und den glänzend grünen Blättern steht er überall, allerdings nicht ohne erhebliches
Risiko. Der Kirschlorbeer ist eine
gefährliche Giftpflanze. Mit Ausnahme des Fruchtfleisches enthalten alle seine Teile größere
Mengen giftiger Glykoside,
die Blausäure freisetzen. Das
zeigen schon seine Blüten,
die kräftig nach Bitterman-
del riechen. Man sollte Kin-
dern diesen Strauch zeigen
und sie vor dem Pflücken der Blätter eindringlich
warnen.

Blütenstand

▶ Strauch
▶ Mai
▶ 2–5 m

▶ **Merkmale**
Blätter langgestreckt,
glänzend grün, ledrig;
Blüten weiß, stehen in
aufrechten, fingerlangen
Trauben; Rinde graubraun;
Früchte schwarzrot, kuge-
lig, 1 cm dick

▶ **Vorkommen**
Ziergehölz, einige verwilderte Exemplare im Boden-
seegebiet und auf den
Britischen Inseln

▶ **Verbreitung**
Heimat Südosteuropa,
Schwarzmeergebiet, seit
dem 16. Jahrhundert in
Mitteleuropa eingebürgert

- ▶ Strauch
- ▶ April bis Mai
- ▶ 1–2 m

▶ **Merkmale**
Blätter rund bis eiförmig, 3–5 cm lang, unten dicht filzig behaart; Blüten weiß bis rosa, stehen in den Achseln der Blätter, Kelchblätter und Blütenbecher filzig behaart; Rinde dunkelbraun, glatt; Frucht hochrot, kugelig, erbsengroß, filzig behaart

▶ **Vorkommen**
trockene Laub- oder Nadelwälder, Gebüsche, steinige Abhänge

▶ **Verbreitung**
Gebirge Mittel-, Süd- und Südosteuropas

Filzige Zwergmispel
Cotoneaster tomentosus

Eigentlich ist die Filzige Zwergmispel im östlichen Mittelmeergebiet und in Südosteuropa beheimatet. Aber im Kaiserstuhl, Schwäbischen und Schweizer Jura gibt es noch ein paar kleine mitteleuropäische Vorkommen. Der mannshohe Strauch ist dort in Eichen- und Kiefernwäldern ein Anzeiger für Kalkböden. Bekannter sind die kultivierten Ziersträucher der Gattung *Cotoneaster,* die in Städten sehr häufig als Bodendecker gepflanzt werden. Wie die Zwergmispel tragen diese auch blutrote Früchte, die im Winter häufig Amseln absammeln. Diese Zierformen stammen allerdings oft von den Bergriesen des Himalaya.

Blüten und Blätter

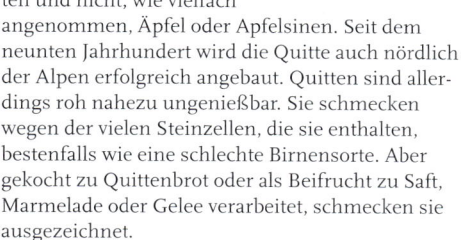

Quitte
Cydonia oblonga

Die Quitte wurde bereits im Altertum von den Griechen und Römern angepflanzt. Sie galt dort als Symbol der Liebe und Fruchtbarkeit. Der Apfel der Venus war eine Quitte. Auch die Äpfel der Hesperiden waren Quitten und nicht, wie vielfach

Frucht

angenommen, Äpfel oder Apfelsinen. Seit dem neunten Jahrhundert wird die Quitte auch nördlich der Alpen erfolgreich angebaut. Quitten sind allerdings roh nahezu ungenießbar. Sie schmecken wegen der vielen Steinzellen, die sie enthalten, bestenfalls wie eine schlechte Birnensorte. Aber gekocht zu Quittenbrot oder als Beifrucht zu Saft, Marmelade oder Gelee verarbeitet, schmecken sie ausgezeichnet.

▶ Strauch
▶ Mai
▶ 1,5–6 m

▶ **Merkmale**
Blätter breit-oval, oben dunkelgrün, unten graugrün, filzig behaart; Blüten einzeln, zartrosa; Rinde braungrün, junge Zweige behaart; Frucht birnenförmig, goldgelb, duftend, nur gekocht eßbar

▶ **Vorkommen**
Kulturpflanze, wärmeliebend, frostempfindlich, auf lockeren Lehmböden

▶ **Verbreitung**
Heimat Vorderasien, in Süd- und Mitteleuropa gepflanzt und örtlich verwildert

- ▶ Strauch
- ▶ April bis Mai
- ▶ 3–5 m

▶ **Merkmale**
Blätter verkehrt eiförmig,
10–15 cm lang, oben
frischgrün, unten etwas
behaart; Blüten außen rosa
bis rot, innen weiß, groß,
einzelnes Blütenblatt
10 cm lang, über 2 cm
breit; Rinde rotbraun;
zapfenförmige Sammel-
frucht, Samen rot

▶ **Vorkommen**
sortenreicher Zierbaum
ohne besondere Boden-
ansprüche, braucht nur
mäßige Düngung

▶ **Verbreitung**
wintermilde Klimalagen
Europas

Tulpen-Magnolie
Magnolia x *soulangiana*

Wo immer die Tulpen-Magnolie im
Mai ihre großen weißen, rot ange-
hauchten Blüten öffnet, ist sie ein
Hingucker. Schon 1820 war sie in
Paris eine Gartensensation, als
erstmals diese Kreuzung aus
zwei chinesischen Magnolien-
arten gelang. Mittlerweile gibt
es viele Sorten dieses Zierbau-
mes, der erfreulicherweise
schon in jungen Jahren
reichlich blüht. Leider halten sich die Blüten nicht

Fruchtstand

lange. Die sechs Kronblätter fallen kurz nacheinan-
der ab. Wegen der großen tulpenähnlichen Blüten
steht die Tulpen-Magnolie mittlerweile in vielen Gärten. Manchmal schädigen Maifröste die zarten Blütenblätter.

Tulpenbaum
Liriodendron tulipifera

Der Tulpenbaum ist
einer der forstlich wich-
tigsten und schönsten
Laubbäume Nord-
amerikas. Im Osten
des Kontinents bildet
er große Bestände und
liefert ein gelb- bis

Blätter

olivbraunes Holz. Zum guten Gedeihen braucht der
Tulpenbaum nährstoffreiche, frische Böden und
windgeschützte Lagen. Er kann bis zu 700 Jahre alt
werden. Aus seinem Holz werden Möbel und Musikinstrumente gemacht. In Mitteleuropa ist der
Tulpenbaum wegen seiner glänzenden Blätter und
seiner tulpenähnlichen Blüten bisher nur Zierbaum.
Der forstliche Anbau wird in Mitteleuropa versucht.
Sein lateinischer Name heißt übersetzt: Tulpentra-
gender Lilienbaum.

▶ Laubbaum
▶ Juni bis Juli
▶ 45–60 m

▶ **Merkmale**
Blätter lang gestielt, im
Umriß fast viereckig, glänzend grün, im Herbst
goldgelb; Blüten tulpen-
ähnlich, mit sechs gelbgrü-
nen Blütenblättern, die
einzeln an den Zweigen-
den sitzen; Rinde dunkel-
grau, tief gefurcht; reife
Frucht erinnert an einen
Nadelbaumzapfen, ist
6–8 cm lang

▶ **Vorkommen**
Park- und Zierbaum

▶ **Verbreitung**
Heimat Nordamerika, in
Europa angepflanzt

▶ **Laubbaum**
▶ **März**
▶ **6 – 12 m**

▶ **Merkmale**
Blätter 10–15 cm lang, oben und unten etwas behaart; Blüten mit drei Kelchblättern und sechs Kronblättern, reinweiß, 12–15 cm breit, duftend; Rinde graubraun, junge Triebe behaart; Frucht zapfenartig, 11 cm lang

▶ **Vorkommen**
Zierbaum in milden Lagen, auf nährstoffreichen Böden, gegen starke Fröste empfindlich

▶ **Verbreitung**
Heimat China, in Mittel- und Südeuropa gepflanzt

Lilien-Magnolie
Magnolia denudata

Lilien-Magnolien werden seit Jahrtausenden in den Tempelgärten Chinas kultiviert. Von dort gelangten sie 1780 nach England, 1823 nach Italien. Heute sieht man sie in vielen unserer Parks. Der große Reiz dieser Pflanzen liegt in ihren Blüten, die schon früh im Jahr, noch vor dem Laubaustrieb, erscheinen und die Bäume wie mit Schnee überzogen aussehen lassen.

Die Pflanzenfamilie der Magnolien mit etwa 220 Arten wurde nach Pierre Magnol (1638–1715) benannt, einem Professor für Botanik und Medizin in Montpellier. Ihm wird das Verdienst zugeschrieben, den Begriff der „Pflanzenfamilie" geprägt zu haben.

Blüte

Faulbaum
Frangula alnus

Der Faulbaum verdankt seinen Namen dem fauligen Geruch seiner Rinde. Diese wurde bereits im 16. Jahrhundert als Abführdroge eingesetzt und wird auch heute noch in der Naturheilkunde verwendet. Die Früchte des Faulbaumes reifen ab Juli. Sie sind erst grün gefärbt, später rot und im reifen Zustand schwarzviolett. Häufig kann man im Spätsommer Blüten und Beeren in allen drei Reifestadien an einem Strauch beobachten. Für den Menschen sind die Früchte des Faulbaumes ungenießbar, Vögel fressen sie gerne und verteilen so die Samen. Von den Blättern des Faulbaumes ernähren sich die Raupen des Zitronenfalters.

Blüten in den Blattachseln

▶ Strauch
▶ Mai bis Juni
▶ 1–3 m

▶ **Merkmale**
Blätter eiförmig, glatt, leicht gewellt; Blüten weiß, klein, stehen in Gruppen in den Achseln der Blätter; Rinde erst braunrot, später graubraun mit hellen Rindenporen; Früchte erbsengroße, beerenähnliche Steinfrüchte

▶ **Vorkommen**
häufig auf mageren Böden in Auwäldern und Mooren, auch in feuchten Bereichen am Rand von Laub- und Nadelwäldern

▶ **Verbreitung**
ganz Europa

- ▶ Strauch
- ▶ Mai bis Juni
- ▶ 1–3 m

- ▶ **Merkmale**
  Blätter oval, oben dunkel-
  grün, unten blaugrün;
  Blüten weiß, stehen in
  Gruppen am Ende der
  Äste; Rinde braun, mit
  Korkwarzen; Frucht braun,
  eiförmig, 3 mm groß

- ▶ **Vorkommen**
  besiedelt wild Trocken-
  gebüsche an Südhängen,
  trockene, warme Wälder,
  auch Zierstrauch

- ▶ **Verbreitung**
  Heimat Osteuropa, öst-
  liches Mittelmeergebiet, in
  Mitteleuropa gepflanzt,
  örtlich verwildert

Perückenstrauch
Cotynus coggygria

Die purpurrot
behaarten Frucht-
stände dieses Strau-
ches sind besonders
auffällig und geben
ihm ein perückenartiges
Aussehen. Der Perücken-
strauch braucht Standorte
mit viel Licht und kalkhaltigen,
steinigen Böden. Vom östlichen
Mittelmeergebiet bis in den Himalaya reicht seine
natürliche Verbreitung. Auf dem Balkan bildet er
sogar ausgedehnte Gebüsche. Wegen seiner aromatisch duftenden Blüten und wegen seines prächtig
orangerot gefärbten Herbstlaubes ist er in Mitteleuropa ein beliebter Zierstrauch. Das gelbe Holz der
Pflanze ist als „Ungarisches Gelbholz" oder „Fiset-
holz" im Handel und wird zum Färben von Leder
verwendet.

Blüten

Rotbuche
Fagus sylvatica

Die eindrucksvollsten Buchen-
wälder Deutschlands wach-
sen auf den kalkreichen
Böden der Schwäbischen
Alb und des Fränkischen
Jura. Der Volksmund nennt
sie „Heilige Hallen", denn in
diesen Wäldern aus hohen,
silbergrauen Stämmen und
einem kuppelförmig gewölbten Blätterdach, das jeden
Lärm von außen abschirmt,
fühlen sich Menschen fast
wie in eine mittelalterliche
Kathedrale versetzt. Förster nennen die Buche
„Mutter des Waldes", weil ihr nährstoffreiches Laub
zu gutem Humus verrottet und weil von ihren Blättern und Früchten viele Tiere leben. Ihr Holz ist rötlich, daher der Name Rotbuche.

Blätter und Bucheckern

▶ **Laubbaum**

▶ **April bis Mai**

▶ **10 – 45 m**

▶ **Merkmale**
Blätter eiförmig, am Rand
gewellt; männliche Blüten
als hängende Kätzchen,
weibliche Blüten in auf-
rechten Köpfchen; Rinde
glatt, bleigrau; Früchte
(= Bucheckern) dreikanti-
ge, glänzende Nüsse in
einer stacheligen Hülle

▶ **Vorkommen**
Waldbaum, Schattenart, liebt
kalk- und nährstoffreiche
Böden

▶ **Verbreitung**
in Mitteleuropa bis in
Höhen von 1.500 m überall

- ▶ Strauch
- ▶ April bis Juni
- ▶ 1–3 m

- ▶ **Merkmale**
  Blätter klein, eiförmig, sitzen in Büscheln in den Achseln von Dornen; Blüten gelb, duftend, hängen in Trauben in den Achseln von Dornen; Rinde hellbraun, längsgefurcht, an den Zweigen dreiteilige Dornen; Früchte glasig rote, längliche Beeren, eßbar

- ▶ **Vorkommen**
  sonnige Waldränder, Hecken, Gebüsche, besonders auf Kalkböden

- ▶ **Verbreitung**
  Süd-, West- und Mitteleuropa

Gewöhnliche Berberitze
Berberis vulgaris

Die Berberitze ist ein dichter Strauch, der zu Recht auch Sauerdorn genannt wird: Seine Früchte schmecken sehr sauer, seine Zweige sind mit spitzen Dornen besetzt. Berberitzenbeeren reifen im September und bleiben meist den ganzen Winter über an den Zweigen hängen. Sie enthalten hohe Konzentrationen an Apfel- und Fruchtsäuren und zahlreiche Vitamine, besonders Vitamin C. Ein Saft aus diesen Beeren wird deshalb in der Naturheilkunde zur Verbesserung der Widerstandskraft bei Erkältungskrankheiten eingesetzt. Berberitzen gelten als Zwischenwirt des Getreiderostpilzes und sind daher in der Nähe von Feldern unerwünscht.

Zweig mit Dornen und Blütenständen

74

Heidelbeere
Vaccinium myrtillus

Die Liste der Nutzung von Heidelbeeren ist lang: Bei den Galliern und Römern wurden mit dem Farbstoff der Beeren die Kleider der Sklaven gefärbt. In Notzeiten retteten Heidelbeeren viele Menschen vor dem Verhungern. Sie enthalten reichlich Vitamin C, Zucker und Fruchtsäuren. Im Elsaß destilliert man daraus das bekannte Heidelbeerwasser. Heidelbeeren wachsen vor allem in Nadelwäldern, aber auch in lichten Laubmischwäldern. Sie sind um den ganzen Polarkeis verbreitet. Die nektarreichen Glockenblüten verfügen über eine Streueinrichtung. Verschiedene Bienenarten werden beim Besuch mit Pollen überstäubt.

Blätter und Blüten

▶ Strauch
▶ Mai bis Juni
▶ 15–50 cm

▶ **Merkmale**
Blätter eiförmig zugespitzt, unten etwas heller grün als oben; Blüten erst grün, später weinrot, krugförmig, nickend, sitzen einzeln in den Achseln der oberen Blätter; Stengel kantig, grün; reife Frucht eine schwarzblaue Beere

▶ **Vorkommen**
Nadelwälder, unterwuchsarme Laubwälder, Zwergstrauchbestände; fehlt auf kalkhaltigen Böden

▶ **Verbreitung**
in ganz Europa häufig

- ▶ Strauch
- ▶ April bis Juni
- ▶ 1 – 3 m

- ▶ **Merkmale**
  Blätter oben dunkelgrün,
  kahl, unten filzig behaart;
  Blüten gelbweiß, filzig
  behaart, stehen in Trauben
  zu drei bis acht am Ende
  der Zweige; Rinde der
  Stämmchen schwarz, der
  Zweige rotbraun; Frucht
  erbsengroße schwarze
  Beere, blau bereift, eßbar

- ▶ **Vorkommen**
  im Gebirge: Felsspalten,
  steinige Hänge in Südlage;
  in der Ebene: Waldränder,
  Gebüsche

- ▶ **Verbreitung**
  Mittel- und Südeuropa

Echte Felsenbirne
Amelanchier ovalis

Wenn die Blüte eines Strauches wie ein Edelweiß
aussieht, steht man vor der Echten Felsenbirne. In
den Alpen ist der übermannshohe Busch bis in
Höhenlagen von 2.000 m anzutreffen und wird hier
auch Edelweißstrauch genannt. Die Echte Felsenbirne gilt als typischer Pionierstrauch,
der den Boden für andere
Pflanzen vorbereitet. Die
wärmeliebende Pflanze
erreicht in der Eifel und im
Thüringer Wald ihre Nord-
grenze. Die ersten Blüten
der Echten Felsenbirne
erscheinen bereits im
April, noch vor dem Laub-
austrieb. Ihre Früchte reifen
ab August. Sie werden hauptsächlich von Drosseln ge-
fressen.

Blüten und Blätter

Kupfer-Felsenbirne
Amelanchier lamarckii

Kupfern statt grün sind
die frischen Blätter
dieses Strauches.
Das ist sehr unge-
wöhnlich. Im
Herbst sind sie
auch noch kar-
minrot gefärbt. Wohl
deshalb wurde die Kupfer-
Felsenbirne vor etwa 100 Jahren
aus Nordamerika nach Europa
gebracht. Heute pflanzt man sie
wegen ihrer ausladenden Wuchsform und wegen
ihres schönen Frühjahrs- und Herbstlaubes als Zierstrauch in allen größeren Parkanlagen an. Gelegentlich ist er verwildert. Er gedeiht aber nur in Gegenden mit hoher Luftfeuchtigkeit gut. Seine Früchte
sind eßbar, schmecken süß und saftig und wurden
früher als Korinthenersatz zum Backen verwendet.

Blüten und
Blätter

▶ Strauch
▶ April bis Mai
▶ 2–10 m

▶ **Merkmale**
Blätter zur Blütezeit kup-
ferrot, fein behaart und
noch gefaltet, später eiförmig, mit kurzer Spitze;
Blüten weiß, stehen zu
sechs bis zehn in lockeren
Trauben; Rinde graubraun;
junge Triebe seidig be-
haart; Frucht erbsengroße,
schwarzrote Beere, eßbar

▶ **Vorkommen**
Zierpflanze, örtlich verwildert in Eichenmischwäl-
dern

▶ **Verbreitung**
Heimat Nordamerika, in
Europa angepflanzt

- Strauch
- April bis Mai
- 0,5 – 2 m

- **Merkmale**
  Blätter eiförmig, 2 – 5 cm lang und fast ebenso breit, junge Blätter unten behaart, ältere Blätter kahl; Blüten weiß, stehen zu vier bis zehn in dichten Trauben, riechen oft nach Fisch; Rinde graubraun; Frucht schwarze Beere

- **Vorkommen**
  Zierpflanze, im Bereich der Küsten von Nord- und Ostsee gelegentlich verwildert

- **Verbreitung**
  Heimat Nordamerika, in Mitteleuropa eingebürgert

Ährige Felsenbirne
Amelanchier spicata

Die Ährige Felsenbirne ist ein sehr schöner, etwa 2 m hoher Strauch. Wenn sich die ersten Blätter entwickeln, zeigen sich auch die großen, weißen Blüten mit ihren zierlichen schmalen, langen Kronblättern. Die weißen Blütensterne sind wohl der Grund, daß dieser amerikanische Strauch seinen Weg nach Mittel- und Südeuropa fand. Seit dem 19. Jahrhundert eröffnet die Ährige Felsenbirne zusammen mit Mandelbäumen den Frühling in Italien und Frankreich. Typisches Erkennungszeichen des Strauches ist ein leichter Fischgeruch. Die Früchte der Ährigen Felsenbirne sind eßbar, schmecken süßlich, aber nicht unbedingt angenehm.

Blüten und Blätter

Europäischer Feuerdorn
Pyracantha coccinea

In Mittel- und Süditalien wächst der Feuerdorn wild. Der dornige Strauch macht dort manchmal das Vorwärtskommen unmöglich. Nördlich der Alpen wurde der Busch wegen der Fülle seiner roten Früchte zum beliebten Zier-

Früchte

strauch. Die feuerroten, eßbaren Beeren bleiben als „Wintersteher" während der kalten Jahreszeit am Strauch und versorgen viele Vögel mit vitaminreicher Winternahrung. In der Nähe von Obstgärten sieht man den Zierstrauch nicht so gerne, weil er anfällig gegenüber dem Feuerbrand ist. Diese Bakterieninfektion kann bevorzugt auf Obstbäume und andere Rosengewächse übergreifen.

▶ Strauch
▶ Mai bis Juni
▶ 1–3 m

▶ **Merkmale**
Blätter ledrig, elliptisch, um 4 cm lang, wintergrün, oben glänzend dunkelgrün, unten hellgrün; Blüten gelbweiß, sehr zahlreich in Rispen; Zweige glänzend rotbraun berindet, bedornt; Frucht beerenartig, kugelig, rot, etwa erbsengroß, eßbar

▶ **Vorkommen**
natürlich in Gebüschen auf Kalkgestein, Zierpflanze

▶ **Verbreitung**
Heimat Südeuropa, in Mitteleuropa häufig in Kultur

- ▶ Obstbaum
- ▶ April bis Mai
- ▶ 3 – 8 m

- ▶ **Merkmale**
  Blätter 5 – 8 cm lang und
  etwa doppelt so breit;
  Blüten weiß, gestielt, in
  Büscheln zu zwei bis sechs,
  erscheinen zusammen mit
  ein bis drei kleinen Blättern; Rinde rötlich-braun;
  rote, glatte Steinfrucht mit
  Kirschkern, 15 mm dick

- ▶ **Vorkommen**
  in vielen Kulturformen in
  Gärten angepflanzt, auch
  verwildert

- ▶ **Verbreitung**
  Heimat wahrscheinlich
  Osteuropa, von den
  Römern nach Mitteleuropa
  gebracht

Sauer-Kirsche
Prunus cerasus

Der römische General Lukullus brachte die Sauer-
Kirsche vom Schwarzen Meer nach Italien. Doch sie
muß schon viel früher bekannt gewesen sein, denn
in den Ablagerungen aus Jungsteinzeit und Bronze-
zeit fanden sich bereits zahlreiche Kirschkerne.
Heute gibt es von der Sauer-Kirsche viele Sorten, die
aus der Schattenmorelle und der Marasca-Kirsche
gezüchtet wurden. Bereits Plinius beschrieb schwarze und rote Kirschen, Knorpel- und
Lorbeer-Kirschen. Berühmte alko-
holische Getränke werden aus
ihrem Saft destil-
liert: Der Mara-
schino von Zara,
das Schwarzwäl-
der Kirschwasser
und der französi-
sche Kirschlikör
Ratafià.

Blüten und Blätter

Vogel-Kirsche
Prunus avium

Die Wildform der
Kultursüß-Kirschen
ist in Deutschland
noch weit verbreitet.
Im Steigerwald, Bo-
denseegebiet, Kotten-
forst und im Raum
Göttingen stehen
noch viele Bäume.
Die Vogel-Kirsche

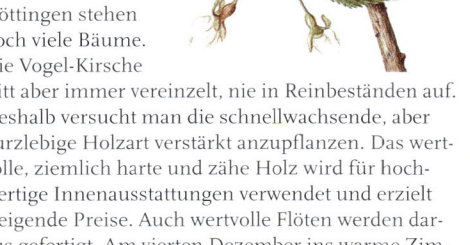

Blüten und Blätter

tritt aber immer vereinzelt, nie in Reinbeständen auf.
Deshalb versucht man die schnellwachsende, aber
kurzlebige Holzart verstärkt anzupflanzen. Das wertvolle, ziemlich harte und zähe Holz wird für hoch-
wertige Innenausstattungen verwendet und erzielt
steigende Preise. Auch wertvolle Flöten werden daraus gefertigt. Am vierten Dezember ins warme Zim-
mer geholte Zweige der Vogel-Kirsche blühen sicher
an Weihnachten.

▶ **Laubbaum**

▶ **April bis Mai**

▶ **15 – 20 m**

▶ **Merkmale**
Blätter oval, ziemlich
dünn, unten fein behaart,
Blattstiel mit rötlichen
Nektardrüsen; Blüten in
Büscheln, weiß, langge-
stielt; Rinde graubraun,
leicht glänzend, löst sich
in horizontalen Streifen
ab; kugelige rote Stein-
früchte, schmecken bittersüß

▶ **Vorkommen**
Laubmischwälder, Wald-
ränder, Gebüsche

▶ **Verbreitung**
mit Ausnahme des äußer-
sten Nordens ganz Europa

- ▶ Strauch oder Laubbaum
- ▶ Mai bis Juni
- ▶ 2 – 5 (16) m

▶ **Merkmale**
Blätter matt, eiförmig, Blattstiel mit zwei Nektardrüsen; Blüten in hängenden Büscheln zu 15 – 20, weiß, duftend; Rinde schwarzgrau, glatt, bildet erst im hohen Alter dünne, längsrissige Borke; kugelige Früchte mit gefurchtem Steinkern, erbsengroß, schwarz

▶ **Vorkommen**
feuchte Waldränder, Auwälder, Auengebüsche

▶ **Verbreitung**
Kleinasien, Europa, in den Alpen bis etwa 1.500 m

Echte-Traubenkirsche
Prunus padus

Der früh im Jahr reichlich blühende Strauch hat eine besondere Eigenschaft: Er weist auf dicht unter der Oberfläche vorkommendes Grundwasser hin. Deshalb wächst die Traubenkirsche immer in Auwäldern und an den Rändern feuchter Laubmischwälder. Ihre Früchte reifen ab Juli und schmecken bittersüß. Sie können roh als Obst gegessen oder gekocht als Beimischung zu anderen Früchten verarbeitet werden. In England heißt der Strauch „Bird Cherry", weil viele Vogelarten ihn plündern und seine Samen nach der Darmpassage weit verbreiten. Für Menschen sind die Samen giftig. Sie enthalten Blausäure.

Blütenstand und Blätter

Späte-Traubenkirsche
Prunus serotina

Die Späte Traubenkirsche ist die größte und forstlich wichtigste Prunusart in Nordamerika. Sie liefert das wertvolle rotbraune „Kirsch-holz". Bei uns ist sie oft Straßen-

Blütenstand und Blätter

baum. In Europa bleibt die Späte Traubenkirsche deutlich kleiner und wird gerne zur Verbesserung schlechter Böden gepflanzt. Der Baum blüht erst im Juni. Sein lateinischer Artname bezieht sich darauf, denn die Bezeichnung „serotina" kommt von dem lateinischen Wort sero = spät. Die kugeligen Stein-früchte der Späten-Traubenkirsche reifen im September und entwickeln nur wenig Fruchtfleisch. In den USA werden sie zum Aromatisieren von Rum und Brandy verwendet.

► Laubbaum
► Juni bis Juli
► 10–20 (33) m

► **Merkmale**
Blätter oben dunkelgrün, stark glänzend, unten heller und entlang der Mittelrippe rostbraun behaart; Blüten weiß, in hängenden Trauben; Rinde dunkelbraun, riecht aromatisch; kugelige, schwarze Steinfrucht mit glattem Kern, Samen giftig

► **Vorkommen**
Ziergehölz, an Waldrändern verwildert

► **Verbreitung**
Heimat Nordamerika, in ganz Europa eingebürgert

▶ Strauch
▶ April bis Mai
▶ 0,3 – 1 m

▶ **Merkmale**
Blätter derb, 2 – 4 cm lang und halb so breit, auf beiden Seiten dunkelgrün; Blüten zu zwei bis fünf in Büscheln, klein, reinweiß, langgestielt; Rinde der Zweige hellbraun; Früchte meist rot bis dunkelrot, fast kugelig, kaum erbsengroß

▶ **Vorkommen**
besiedelt lichte Bergwälder, sonnige Hänge, trockene Gebüsche, Wegränder, Mauern an Weinbergen

▶ **Verbreitung**
Mittel- und Osteuropa

Zwerg-Kirsche
Prunus fruticosa

Die Zwerg-Kirsche ist die „Kirsche der Steppe" und kommt bis nach Sibirien vor. Man nennt sie auch Zwergweichsel. Als Anpassung an Wind und karge Böden bildet der sperrige Strauch viele Ausläufer, um sich im Untergrund zu verankern. Seine Früchte sind nur bei völliger Reife genießbar und schmecken auch dann noch sehr sauer. Der Strauch erreicht in Mitteleuropa die Westgrenze seines Verbreitungsgebietes. In den letzten Jahrzehnten ist er von einigen seiner früheren Standorte verschwunden. Vereinzelt tritt er in Mitteleuropa noch in der Pfalz auf, sehr selten in Thüringen, in Niederösterreich und im Burgenland.

Blüten und Blätter

Pflaume, Zwetschge
Prunus domestica

Die genaue Herkunft der Pflaume ist nicht gesichert. Wahrscheinlich ist sie das Ergebnis von Kreuzungen zwischen der Schlehe, *Prunus spinosa* und der Kirschpflaume, *Prunus cerasifera*. Heute sind unter der Bezeichnung „Pflaume" zahlreiche Kulturformen im Handel, die sich in Reifezeit, Größe, Aroma und Form der Früchte unterscheiden. Pflaumen enthalten etwa 80 % Wasser, 3 – 10 % Zucker, Apfelsäure, Weinsteinsäure und die Vitamine A und C. Die Pflaumen oder Zwetschgen waren den Römern bereits im 2. Jahrhundert vor Christus bekannt. Als Dörrobst und Slibowitz sind sie ein Markenartikel des Balkans.

reife Früchte

▶ Obstbaum
▶ April bis Mai
▶ 5 – 10 m

▶ **Merkmale**
Blätter unten samtig behaart; Blüten weiß, kurzgestielt, stehen meist zu zweit oder zu dritt; Rinde graubraun, zunächst glatt, später rissig; kugeliglängliche Steinfrucht, je nach Sorte gelb oder blaubereift

▶ **Vorkommen**
lehmige, warme Standorte, manchmal verwildert an Waldrändern

▶ **Verbreitung**
Heimat Kleinasien, seit der Römerzeit Kulturpflanze in Europa

- ▶ Strauch oder Baum
- ▶ April bis Mai
- ▶ 0,5–4 (10) m

- ▶ **Merkmale**
  Blätter oben glänzend, unten auf den Nerven behaart; Blüten weiß, in Büscheln zu sechs bis zehn; Rinde braun, längsrissig; runde Steinfrucht, schwarz, etwa 8 mm dick, saftarm, Fruchtfleisch bitter

- ▶ **Vorkommen**
  Trockengebüsche, felsige Hänge, Wegränder in sonniger Lage, auch Zierpflanze

- ▶ **Verbreitung**
  Europa bis Kleinasien, in Mitteleuropa vor allem im Donau-, Rhein- und Nahegebiet

Steinweichsel
Prunus mahaleb

Die Steinweichsel braucht viel Licht, mildes Klima und kalkhaltige Böden. Diese Bedingungen findet sie in Deutschland nur im Rhein-, Donau- und Nahegebiet. Ihre Zweige duften intensiv, weil die Rinde Cumaringlykoside enthält. Ihre ab Juli reifen Früchte enthalten in den Samen das giftige Blausäureglykosid Amygdalin. Sie sind zwar genießbar, aber bitter und wenig schmackhaft. Die Steinweichsel wird häufig als Veredelungsunterlage für Süß- und Sauerkirschen verwendet. Ihr Holz ist sehr hart, riecht frisch angenehm aromatisch und wird zu Pfeifenröhren, Spazierstöcken und Reitgerten verarbeitet.

Blüten und Blätter

Schlehen-Schwarzdorn
Prunus spinosa

Überläßt man in Mitteleuropa einen
Trockenrasen sich selbst, besiedelt ihn
bald ein undurchdringliches Gestrüpp
aus Schlehdornen. Diese Pionier-
pflanze mit großer Durchsetzungs-
kraft ist auch das Grundelement
von Hecken und Waldrändern.
Der dornige Strauch ist der erste
Blütenstrauch des Jahres, seine
weißen Blüten erscheinen lange
vor dem Laubaustrieb. In manchen Jahren reifen zahlreiche
Kugelfrüchte, die den ganzen
Winter über am Strauch bleiben.
Das Fruchtfleisch ist auch erst
nach Frosteinwirkung genießbar,

Blüten und reife Früchte

es enthält viel Vitamin C. Die Schlehe bietet vielen
Vogelarten einen vor Raubtieren geschützten Brut-
platz.

▶ **Strauch**
▶ **März bis April**
▶ **1 – 3 m**

▶ **Merkmale**
Blätter eiförmig, 3 – 4 cm
lang; Blüten klein, weiß,
kurzgestielt, stehen ein-
zeln; Rinde schwarzbraun,
Zweige bedornt; kugelige,
schwarze Steinfrucht
(Schlehe), blau bereift,
kirschgroß

▶ **Vorkommen**
Feld-, Wald- und Wegrän-
der, Hecken; häufig zu-
sammen mit Weißdorn-
arten, Wildrosen und
Berberitzen

▶ **Verbreitung**
fast ganz Europa, fehlt im
äußersten Norden und auf
Island

- ▶ Strauch
- ▶ Juni bis Juli
- ▶ 0,5 – 2 m

- ▶ **Merkmale**
Blätter schmal, 2 – 4 cm
lang, zugespitzt; Blüten
intensiv rosa, stehen in
schmalen, 10 – 15 cm lan-
gen, pyramidenförmigen
Rispen an den Zweigen-
den; Rinde zunächst gelb-,
später graubraun; kleine,
gelbe Balgfrüchte mit
spindelförmigen Samen

- ▶ **Vorkommen**
feuchte Wiesen, Ufergebü-
sche, Erlenbrüche

- ▶ **Verbreitung**
Heimat Nordamerika, in
Mitteleuropa häufig ange-
baut und verwildert

Weiden-Spierstrauch
Spiraea salicifolia

Spiersträucher gibt es auf der ganzen
nördlichen Halbkugel, vor allem in
den gemäßigten Gebieten. Auch in
Mitteleuropa werden zahlreiche
Arten und Bastarde kultiviert.
Manchmal sind sie auch aus Kulturen verwildert. Sie fallen alle
durch ihren Blütenreichtum auf.
Der Weiden-Spierstrauch ist
besonders blühfreudig. Er blüht
manchmal sogar noch im September und Oktober. Seine Blüten verströmen einen eigenartig süßlichen Duft nach Aas, der an den
Geruch von Weißdornblüten erinnert. Man findet den sommergrünen Strauch eingebürgert im Harz,
im Hunsrück, im Schwarzwald, im
Bayerischen und Pfälzer Wald.

Blütenstand und Blätter

Echte Mehlbeere
Sorbus aria

Die Mehlbeere ist ein Baum des Berglandes. Im Tiefland und in den tieferen Lagen der Mittelgebirge fehlt sie. Wegen der filzigen Behaarung ihrer Blätter und der damit verbundenen Staubbindung wird sie über ihr natürliches Verbreitungsgebiet hinaus häufig als Straßenbaum in Städten gepflanzt. Die Früchte der Mehlbeere enthalten Parasorbinsäure und sind deshalb im rohen Zustand ein wenig giftig. Gekocht sind sie unbedenklich, denn beim Erhitzen wird die Parasorbinsäure zerstört. In Notzeiten hat man Mehlbeerfrüchte getrocknet, zu Mehl vermahlen und dann als Zusatzstoff für süße Brote verwendet.

Blüten und
Blätter

▶ Laubbaum
▶ Mai bis Juni
▶ 6 – 12 m

▶ **Merkmale**
Blätter oben dunkelgrün, glänzend, unten dicht weißfilzig behaart; Blüten weiß, in aufrechten, lockeren Schirmrispen; Rinde mattgrau, oft weißfleckig, im höheren Alter längsrissig; Früchte eiförmig, 1 cm lang, rot, mehlig

▶ **Vorkommen**
wild in sonnigen Laubwäldern und Gebüschen, als Straßenbaum gepflanzt

▶ **Verbreitung**
Europa, besonders in den Gebirgen Mittel- und Südeuropas

89

- **Obstbaum**
- **Mai bis Juni**
- **5–10 m**

- **Merkmale**
Blätter oben kahl, matt, unten auf den Nerven behaart; Blüten innen weiß bis hellrosa, außen dunkler, Staubblätter gelb; Rinde graubraun, rissig, Äste mit Dornen; Früchte grüngelbe Äpfel, etwa so groß wie ein Tischtennisball, holzig

- **Vorkommen**
Waldränder, Hecken, Gebüsche; bevorzugt auf nährstoffreichen, frischen Lehm- und Steinböden

- **Verbreitung**
Europa

Apfelbaum
Malus sylvestris

Holzäpfel wurden schon in den Pfahlbauten gegessen. Grabungsfunde belegen, daß bereits die Siedler der Jungsteinzeit den Apfelbaum kannten und seine sauren Früchte nutzten. Dieser Baum ist der Vorfahre vieler Kultur-Apfelsorten. Dennoch kommt er heute noch wild vor. Er wächst in Auwäldern, Hekken und an Waldrändern, ist aber nirgends häufig. Jahrhundertelang hackten ihn Bauern als nutzloses Gehölz aus. Erst heute schätzt man wieder solche genetisch wertvollen Urformen. Man pflanzt ihn sogar als ursprüngliches Wildfutter in die Feldflur. Vermutlich ist er die Ausgangsart für den Kultur-Apfel.

Blüten und Blätter

Vielblütiger Apfel
Malus floribunda

In japanischen Gärten haben
Apfelbäume eine lange
Tradition als Zierpflanzen.
Der Vielblütige Apfel-
baum, auch Korallen-
Apfel genannt, fand von
dort seinen Weg nach Mittel-
europa. Seine Früchte sind

Blüten

zwar nur kirschgroß, aber seine Blüten überraschen
mit zartrosa und weißen Farben. Seine Blütenpracht
im Frühling macht ihn auch bei uns zu einem weithin geschätzten Zierstrauch in Parks und Gärten. Er
ist pflegeleicht und kommt mit fast allen Bodenver-
hältnissen zurecht. In Mitteleuropa gibt es eine Viel-
zahl von Zieräpfeln. Weitere bei uns gepflanzte
Arten sind der Toringo-Apfel und der Purpur-Apfel.

▶ Strauch oder kleiner Baum
▶ Mai
▶ 3–10 m

▶ **Merkmale**
Blätter länglich,
zugespitzt, mit langem
Stiel; Blütenknospen
tiefrot, Blüten sehr zahlreich, in Büscheln von vier
bis sieben, Blütenblätter
außen rötlich, innen nahezu weiß; Rinde graubraun;
Früchte gelbgrün bis rot,
kirschgroß, ungenießbar

▶ **Vorkommen**
Ziergehölz

▶ **Verbreitung**
Heimat Japan, wahrschein-
lich eine Hybride, genauer
Ursprung unbekannt, nach
Mitteleuropa eingeführt

- ► Obstbaum
- ► April bis Mai
- ► 8–20 m

- ► **Merkmale**
  Blätter eiförmig, dünn, oben glänzend dunkelgrün, unten heller; Blüten weiß, in Büscheln zu drei bis neun; Rinde schwarzgrau, Zweige dornig; Früchte 2–3 cm lange, braungelbe Holzbirnen, hängen zu mehreren beisammen

- ► **Vorkommen**
  warme Laubwälder, Auwälder, Felsgebüsche, auch als Wildfutter angepflanzt

- ► **Verbreitung**
  in ganz Europa, vor allem in Mittel- und Süddeutschland

Holz-Birne
Pyrus pyraster

„Wild Pear" nennt man in England den Mutterbaum aller Zuchtbirnen. Noch immer gibt es ihn in unserer Landschaft, aber er ist gefährdet. Die Holz-Birne war deshalb der Baum des Jahres 1998. Seinen Namen erhielt der Baum wegen des holzigharten Fruchtfleisches seiner Birnen, das erst nach den ersten Frösten mürber wird und dann unvergleichlich schmeckt.

Früchte und Blätter

Unser einheimischer Holz-Birnbaum erreicht ein Alter von 100–150 Jahren und wird damit älter als die meisten anderen mitteleuropäischen Obstgehölze. Große 100jährige Exemplare stehen noch eindrucksvoll in den Auwäldern des Rheins. Solche Urbäume brauchen unbedingt unseren Schutz.

Hänge-Birke
Betula pendula

Der Duft von Haarwasser ist eng mit der Hänge-Birke verknüpft. Aus ihrem Saft nämlich werden viele Stärkungsmittel für die Haare hergestellt, die genauso typisch wie frisches Birkenlaub riechen. Die Hänge-Birke ist der Laubbaum des hohen Nordens. Sie besiedelt Heiden und Moore und kommt in den Nadelmischwäldern Skandinaviens und Rußlands häufig vor. Als anspruchslose Pionierart pflanzt man sie häufig als Vorwald. Die Rinde enthält das Betulin, einen Stoff, der sie weiß färbt. Aus Rinde gewinnt man auch Birkenöl, das Juchtenleder seinen typischen Geruch verleiht. Birken werden kaum älter als 90 Jahre.

Zweige mit weiblichen und männlichen Kätzchen

▶ Laubbaum
▶ März bis Mai
▶ 10 – 25 m

▶ **Merkmale**
Blätter dreieckig, zugespitzt; männliche Kätzchen 3 – 10 cm lang, weibliche Kätzchen 2 – 4 cm lang; einhäusig; Rinde zunächst glatt, weiß, glänzend (Spiegelrinde), Borke alter Bäume schwarz, rissig; Früchte enthalten geflügelte Nüßchen

▶ **Vorkommen**
Heiden, Steinbrüche, Waldränder mit lockeren, sandigen, mageren Böden

▶ **Verbreitung**
überall in Europa häufig

- ▶ Laubbaum
- ▶ April bis Mai
- ▶ 10–25 m

▶ **Merkmale**
Blätter eiförmig, in der Jugend unten flaumig behaart, aromatisch duftend; männliche Kätzchen hängend, bis 8 cm lang, weibliche Kätzchen zunächst aufrecht, später hängend, 3 cm lang; einhäusig; Rinde schmutzigweiß; Früchte enthalten geflügelte Nüßchen

▶ **Vorkommen**
Moore, Heiden; bevorzugt auf feuchten, sauren Böden

▶ **Verbreitung**
Nord- und Mitteleuropa

Moor-Birke
Betula pubescens

Im Unterschied zur Hänge-Birke stehen die Zweige der Moor-Birke starr nach oben. Dadurch bekommt der Baum einen anderen Umriß, die Krone eine eiförmige Form. Wie der Name sagt, besiedelt dieser Baum schnell Hochmoore und „verbuscht" sie. Das

Zweige mit weiblichen und männlichen Kätzchen

schnell erreichte Endstadium ist ein dichter Moor-Birkenwald. An Moor-Birken findet man häufig Hexenbesen. Das sind nestförmige Wucherungen an Seitenästen, die den Gesundheitszustand dieser Bäume überhaupt nicht beeinträchtigen. Ausgelöst werden sie durch Milben. An anderen Baumarten werden diese hexenbesenartigen Wucherungen durch Pilze oder Viren hervorgerufen.

94

Strauch-Birke
Betula humilis

Je kälter der Lebensraum, um so kleiner werden die Pflanzen. Die Strauch-Birke ist ein gutes Beispiel für diese Regel. Sie besiedelt den hohen Norden und ist eine Charakterpflanze der Birken-Kriechweiden-Gestrüppe arktisnaher Gebiete. Aber die kleine, kaum meterhohe Birke taucht auch noch an anderen Stellen auf: Übrig geblieben von der letzten Eiszeit steht sie in den Mooren des Alpenvorlandes und der Alpen. Die Strauch-Birke trägt männliche und weibliche Kätzchen auf einer Pflanze. Die winzigen eiförmigen Nüßchen verbreitet der Wind. Sie sind federleicht, etwa 3 Millionen wiegen gerade 1 kg.

Zweige mit weiblichen und männlichen Kätzchen

▶ Strauch

▶ April bis Mai

▶ 0,5 – 2 m

▶ **Merkmale**
Blätter eiförmig, zugespitzt, jung behaart; männliche Kätzchen aufrecht, walzenförmig, weibliche Kätzchen in Knospenform; Rinde graubraun; reife Früchte aufrechte Zäpfchen

▶ **Vorkommen**
Moore, sumpfige Wiesen, Erlenbrüche; braucht nasse, nährstoffarme, mäßig saure Böden

▶ **Verbreitung**
in Mitteleuropa, vor allem am Alpennordrand, in Norddeutschland und Polen

95

- ▶ kleiner Baum oder Strauch
- ▶ März bis April
- ▶ 3 – 15 m

▶ **Merkmale**
Blätter eiförmig, zuge-
spitzt, oben dunkelgrün,
kahl, unten graugrün,
behaart; männliche Blüten
hängende Kätzchen, weib-
liche Blüten zapfenartig,
kurz gestielt; Rinde glänzend silbergrau, nicht
rissig; Früchte schwarz-
braune Zapfen, kleiner als
die der Schwarz-Erle

▶ **Vorkommen**
Auwälder in Mittelgebir-
gen und Alpentälern

▶ **Verbreitung**
Mittel-, Nord- und Ost-
europa

Grau-Erle
Alnus incana

Ihre Rinde ist aschgrau, frisch geschnittenes Holz
auffällig orangerot. Wohl jeder hat schon damit
gespielt. Aus diesem Holz werden oft Spielzeugbau-
steine und Holztiere hergestellt. Die Grau-Erle
wächst häufig zusammen mit Moor-Birke, Eber-
Esche und Schwarz-Pappel. Sie besiedelt die mon-
tane Stufe von
etwa 500 – 1.400 m
Höhe. Hier wächst sie
häufig entlang von Gebirgs-
bächen. Darüberhinaus wird
sie als Pionierbaum auf
schlechten Böden angepflanzt,
denn sie wirkt bodenverbes-
sernd. Sie hat ein reiches, dicht
verzweigtes Wurzelsystem und
geht wie alle Erlen eine Symbiose
mit einem Strahlenpilz ein, der
Luftstickstoff binden kann.

Blätter

Schwarz-Erle
Alnus glutinosa

Räucheraal und geräucherte Forellen schmecken nach dem Holz der Schwarz-Erle. Dieser Baum wächst auch dort, wo Fische gefangen werden. Er bildet Ufersäume von Seen, begleitet schnell fließende Bäche und besiedelt verlandete Teiche. Sein deutscher Name leitet sich von der dunklen Borke ab, mit der man früher Stoffe schwarz färbte. Zur Blütezeit von Februar bis April leiden Heuschnupfenallergiker: Die Erlenkätzchen entlassen Millionen von Pollen in den Wind, der diese weit durchs Land trägt. Die Schwarz-Erle ist ein Bodenverbesserer, mit Hilfe des Fadenbakteriums *Frankia* reichert sie Stickstoff an.

Blätter

▶ Laubbaum
▶ März bis April
▶ 10–25 m

▶ **Merkmale**
Blätter verkehrt eiförmig, stumpf, oben dunkelgrün, klebrig, unten mit gelben Haarbüscheln; männliche Blüten hängende Kätzchen, weibliche Blüten zapfenartig, lang gestielt; Rinde zunächst graubraun, rissig, im Alter schwarze, zerklüftete Borke; Früchte dunkelbraune Zapfen, etwa 2 cm lang

▶ **Vorkommen**
Bach- und Flußauen, Schluchtwälder

▶ **Verbreitung**
fast ganz Europa

- Strauch
- April bis Mai
- 0,5–3 m

- **Merkmale**
  Blätter eiförmig, zuge-
  spitzt, oben dunkelgrün,
  unten heller, kahl; männliche Blüten hängende Kätzchen, weibliche Blüten
  zapfenartig, grün; Rinde
  erst glatt, aschgrau, später
  schwärzliche Borke; Früchte dunkelbraune, verholzte
  Zapfen

- **Vorkommen**
  nasse Mischwälder, Waldränder, Bachufer, Lawinen-
  hänge

- **Verbreitung**
  europäische Hochgebirge,
  Hochlagen der Mittel-
  gebirge

Grün-Erle
Alnus viridis

Wo ein Bergbach fließt, begleiten ihn Grün-Erlen.
Dieser reichverzweigte Strauch erinnert in seiner
Wuchsform an die Haselnuß. Er hat in den Alpen als
Schutzholz große Bedeutung und wird dort besonders zur Sicherung steiler Hänge gegen Steinrutsch
und Lawinen angepflanzt. Grün-Erlen gedeihen auch
noch in 2.000 m Höhe, breiten sich schnell aus und
halten Steinschutt und Schnee sicher fest. Ihre
Zweige können große Schneelasten tragen, ohne
abzubrechen. Deshalb
wird die Grün-Erle in
Bayern auch
„Laublatsche"
genannt. Die Berg-
bauern fürchten
diesen Strauch,
weil er fruchtbare
Almwiesen über-
wuchert.

Blätter

98

Haselnuß
Corylus avellana

- ▶ Strauch
- ▶ Februar bis April
- ▶ 2–5 m

Bevor in Mitteleuropa Getreide angebaut wurde, ernährten sich die Menschen großenteils von Haselnüssen. Sie waren so wichtige Handelsartikel, daß der lateinische Artname des Haselstrauches „avellana" nach der italienischen Haselnußstadt Avella nahe Neapel benannt wurde. Die heute im Handel erhältlichen Haselnüsse stammen jedoch von einer nahe verwandten Art, der Lambertshasel (*Corylus maxima*). Diese auf dem Balkan beheimatete Hasel ist wesentlich ertragreicher. Die Hasel hatte bei uns schon bessere Zeiten. Während einer nacheiszeitlichen Wärmeperiode beherrschte sie vorübergehend ganz Mitteleuropa.

reife Früchte

- ▶ **Merkmale**
  Blätter rundlich, auf beiden Seiten behaart; männliche Blüten hängende Kätzchen, weibliche Blüten kleine Knospen, aus denen ein Büschel roter Narben herausragt; Rinde graubraun, glatt, mit hellen Korkwarzen; Frucht eine hartschalige Nuß, umgeben von einer grünen, glockenförmigen Hülle

- ▶ **Vorkommen**
  sommerwarme Waldränder, Hecken, Gebüsche

- ▶ **Verbreitung**
  Europa

- Laubbaum
- März bis April
- 8 – 20 m

- **Merkmale**
Blätter dunkelgrün, glän-
zend, hängen auffallend
schlaff von den Zweigen;
männliche Blüten lange
hängende Kätzchen, weib-
liche Blüten kleine Knos-
pen, aus denen rote Nar-
ben herausragen; Rinde
hellbraun, rissig, korkig;
blättrige Fruchthülle tief
zerschlitzt

- **Vorkommen**
Parks, Straßen, Gärten

- **Verbreitung**
Heimat Bergwälder Süd-
osteuropas, in Mittel-
europa gepflanzt

Baum-Hasel
Corylus colurna

Eichhörnchen lieben diesen Zierbaum aus den Bergwäldern Südosteuropas und Kleinasiens. Die Baum-
Hasel liefert im Herbst zahlreich wohlschmeckende,
große Haselnüsse. Die Baum-Hasel, auch bekannt
unter dem Namen „Türkische Nuß", ist ein frostharter, ungewöhnlich widerstandsfähiger Baum. Überall
in Städten wurde der stattliche Baum in Alleen und
Parks gepflanzt. Entlang der türki-
schen Schwarzmeerküste
wird er in großen Plan-
tagen angebaut. Seine
Nüsse sind reich an
Vitamin C, enthalten
bis zu 58 % Fett und
20 % Eiweiß. Daraus
wird wertvolles Hasel-
nußöl für die Nahrungs-
mittel- und Kosmetikindu-
strie gewonnen.

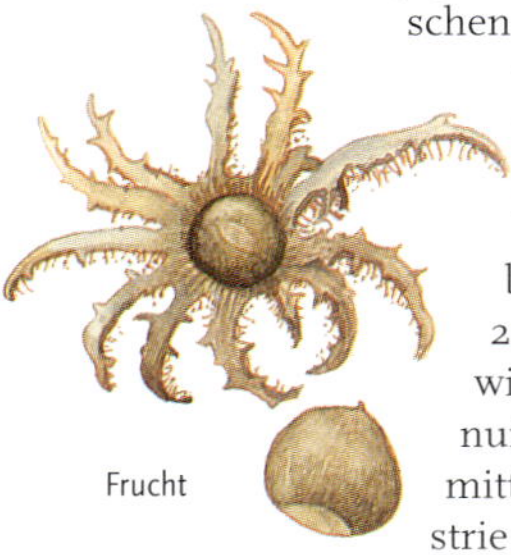

Frucht

Hainbuche
Carpinus betulus

Das Holz der Hainbuche hat man buchstäblich oft in der Hand: Spatenstiele, Kegelkugeln und Werkzeugbänke werden aus dem harten Holz dieses Baumes gemacht. Die Eigenschaften des Hainbuchenholzes haben wir sogar in unseren Sprachgebrauch übernommen: Groben und derben Menschen sagen wir nach, sie seien „hanebüchen". Dieser Ausdruck leitet sich von dem mittelhochdeutschen Wort „hagebüechin" ab. Und das bedeutet nichts anderes als Hainbuchenholz. Die Hainbuche ist ein typischer Begleitbaum der Eiche. Sie wächst bevorzugt in der Ebene und liefert das schwerste Holz aller einheimischen Baumarten.

geflügelte Früchte

▶ Laubbaum
▶ April bis Mai
▶ 7 – 25 m

▶ **Merkmale**
Blätter oval, faltig, vorne zugespitzt, oben sattgrün, unten heller; männliche und weibliche Blüten als hängende Kätzchen; Rinde glatt, silbergrau; Früchte kleine Nüsse mit dreilappigem Deckblatt, das als „Flugorgan" dient

▶ **Vorkommen**
krautreiche Laubmischwälder mit feuchten, nährstoffreichen Böden

▶ **Verbreitung**
Mittel- und Südeuropa, Kleinasien

- ▶ **Laubbaum**
- ▶ **April bis Juni**
- ▶ **5 – 15 m**

- ▶ **Merkmale**
  Blätter erinnern an Hainbuchenblätter; männliche Blüten 8 – 10 cm lange gelbbraune Kätzchen, weibliche deutlich kürzer; Rinde dunkelbraun, glatt, im Alter längsrissige Borke; Früchte grüne oder braune Nüßchen, Fruchtstand hopfenähnlich

- ▶ **Vorkommen**
  Süd- und Südosteuropa: Laubmischwälder, in Mitteleuropa Parkbaum

- ▶ **Verbreitung**
  Heimat Mittelmeergebiet, in Mitteleuropa gepflanzt

Hopfenbuche
Ostrya carpinifolia

Die Früchte ähneln dem Hopfen, der übrige Baum ist eher eine Buche. Das gab diesem Baum des östlichen Mittelmeergebietes seinen Namen. Weil er wintermildes und sommerwarmes Klima mit vielen Niederschlägen braucht, kann er bei uns nur in ganz milden Lagen angepflanzt werden. Wo der Föhn vom Brennerpaß herabweht, wie in Innsbruck, da liegen möglicherweise auch natürliche Standorte. Nördlich der Alpen wird die Hopfenbuche als Zierbaum in den Parks klimabegünstigter Städte angepflanzt. Die Hopfenbuche benötigt Kalkböden und wird auch unter günstigsten Standortbedingungen nicht älter als 100 Jahre.

Blätter und Fruchtstand

Edelkastanie
Castanea sativa

Die Edelkastanie ist der Brotbaum des Südens. Bis zum 17. Jahrhundert waren seine Früchte ein wichtiges Volksnahrungsmittel. Mit ihrem hohen Stärkeanteil von etwa 45 % sicherten Eßkastanien damals das Überleben der Menschen bei Getreidemißernten. Von einem einzigen Baum konnten jährlich 150–200 kg Maronen geerntet werden, etwa der Nahrungsbedarf für eine Person. Als Delikatesse schätzten sie schon die Römer und versuchten, sie auch nördlich der Alpen anzusiedeln. Heute gibt es größere Vorkommen im Mosel-, Saar- und Nahetal, ebenso an den Westhängen des Schwarzwaldes. Der Siegeszug der Eßkastanie hält an. In München haben Maronibrater schon Kultstatus, in Norddeutschland gehört Maronenmus zur Gans.

Frucht

▶ Laubbaum
▶ Mai bis Juli
▶ 10–30 m

▶ **Merkmale**
Blätter ledrig, glänzend, lang, spitz; männliche Blüten aufrechte gelbe Kätzchen, in Büscheln, weibliche Blüten an deren Basis; Rinde zunächst glatt, grünbraun, im Alter graubraun, gefurcht; Fruchtbecher stachelig, enthält einen Samen (= Marone)

▶ **Vorkommen**
Laubmischwälder mit lockeren Böden, in mildem Klima

▶ **Verbreitung**
in Mitteleuropa seit der Römerzeit eingebürgert

103

- ▶ **Strauch**
- ▶ **März bis April**
- ▶ **2 – 5 m**

- ▶ **Merkmale**
  Blätter oben kahl, unten graufilzig; männliche und weibliche Blüten sitzende Kätzchen (Palmkätzchen), erscheinen vor den Blättern; hellgraue, aufreißende Borke; graufilzige Kapselfrucht, Samen sehr klein, mit weißem Haarbüschel

- ▶ **Vorkommen**
  Waldränder, Waldlichtungen, Kahlschläge, aufgelassene Steinbrüche

- ▶ **Verbreitung**
  ganz Europa, im Gebirge bis in Höhen von 1.500 m

Sal-Weide
Salix caprea

Palmkätzchen und Palmzweige liefert die Sal-Weide. Als einzige Weide wächst sie auch weit weg vom Wasser auf Waldlichtungen, in Feldgehölzen, Kiesgruben oder Steinbrüchen.

Imker schätzen die Sal-Weide, weil sie schon im März ausgiebige Bienentracht ergibt. Deshalb stand sie früher unter Naturschutz. Die Sal-Weide erhielt ihren wissenschaftlichen Beinamen „caprea", weil ihre Blätter wertvolles Ziegenfutter waren. Der schnellwüchsige Strauch oder kleine Baum erreicht ein Höchstalter von 60 Jahren. Um eine Sal-Weide zu pflanzen, genügt es, einen Zweig abzuschneiden und in feuchten Lehm zu stecken.

Zweig mit Kätzchen

Silber-Weide
Salix alba

Wenn der Wind durch die Silber-Weide streicht, blitzen ihre Blätter hell im Licht. Bei Bewegung sieht man die silbrig behaarten Blattunterseiten. Diese größte einheimische Weide ist sehr schnellwüchsig. Rund 2 m Längenzuwachs pro Jahr sind nicht selten. Alte Bäume sind oft hohl, weil ihre Wasserleitungsbahnen schneller verwittern als das übrige Holz. Sie bieten vielen Tieren Unterschlupf. Fledermäuse und der Steinkauz wohnen in dieser Weide. Am Niederrhein bestimmen Silber-Weiden das Landschaftsbild. Von Korbflechtern jahrzehntelang beschnitten, stehen sie heute noch als „Kopfweiden" am Ufer.

Blätter

▶ Laubbaum
▶ April bis Mai
▶ 5–25 m

▶ **Merkmale**
Blätter lang zugespitzt, oben dunkelgrün, unten silbrig-seidenhaarig; männliche und weibliche Kätzchenblüten, zweihäusig; Borke graubraun, sehr tieffrissig, junge Zweige seidig behaart; Frucht eine graufilzige Kapsel, Samen sehr klein, mit weißem Haarschopf

▶ **Vorkommen**
feuchte Niederungen, Auwälder, See-, Fluß- und Bachufer

▶ **Verbreitung**
in fast ganz Europa verbreitet

105

- Laubbaum
- März bis Mai
- 5 – 15 m

- **Merkmale**
  Blätter 10 – 20 cm lang, gestielt, jung klebrig; Blüten
  gestielte Kätzchen, männliche 3 – 5 cm, weibliche
  6 – 7 cm lang; Rinde längsrissig, Zweige brechen an
  der Ansatzstelle leicht ab;
  braune Kapselfrucht

- **Vorkommen**
  an Bach- und Flußufern,
  oft zusammen mit
  Schwarz-Erlen

- **Verbreitung**
  wahrscheinlich aus dem
  Orient nach Europa eingeführt, heute in Süd-, Mit-
  tel- und Osteuropa

Bruch-Weide
Salix fragilis

Die Bruch-Weide heißt im Volksmund auch Glas-
Weide oder Zerbrechliche Weide, denn die jüngeren
Zweige dieses Baumes brechen an ihrer Ansatzstelle
auffallend leicht ab. Forstlich ist die Bruchweide eine
der wichtigsten einheimischen Weidenarten. Aus
ihrem Holz entstehen Obststeigen, Spankörbchen
oder Spanplatten. Die Rinde der Bruch-Weide enthält, ebenso wie die einiger
anderer Weiden, das Glyko-
sid Salicin. Sie wurde früher
arzneilich als fiebersen-
kendes und antirheumati-
sches Mittel eingesetzt,
hat heute aber wegen der
synthetischen Herstellung
von Salicylsäure (Aspirin) an
Bedeutung verloren.

Blätter und weibliche Blüten

Trauer-Weide
Salix babylonica

Die aus China stammende Trauer-Weide überlebt unsere Winter nicht. Dennoch wurde seit Napoleons Zeiten dieser Baum mit den traurig hängenden Zweigen zum beliebten Parkbaum. Der Franzosenkaiser hatte auf der Insel Elba während seiner Verbannung seinen Lieblingsplatz unter einer Trauer-Weide. Er bestand sogar darauf, darunter begraben zu werden. Um diese chinesische Hänge-Weide auch bei uns heimisch zu machen, wurde sie mit der Silber-Weide gekreuzt.
Der Bastard behielt seine traurige Form und ist seitdem winterfest. Der Baum mit der typischen Hängeform fehlt bei uns an keinem Parkteich.

Blätter

▶ Laubbaum
▶ April bis Mai
▶ 8–12 m

▶ **Merkmale**
Blätter bis 17 cm lang und 1–3 cm breit, gestielt; Blütenkätzchen meist gekrümmt, kurz gestielt, männliche bis 4 cm, weibliche nur bis 2 cm lang; Rinde oliv-braun; Zweige lang herabhängend („Trauerform"); braune Kapselfrucht

▶ **Vorkommen**
Zierbaum in klimagünstigen Lagen

▶ **Verbreitung**
Heimat wahrscheinlich China, seit etwa 1730 in Europa bekannt

- Laubbaum
- Februar bis April
- 3–10 m

- **Merkmale**
  Blätter 8–10 cm lang,
  schmal, ledrig; männliche
  und weibliche Kätzchen-
  blüten vor dem Aufblühen
  in einen dichten Pelz silbri-
  ger Haare gehüllt; Rinde
  rostbraun, glatt, junge
  Zweige mit einer blauen
  Wachsschicht überzogen;
  Kapselfrucht

- **Vorkommen**
  wild an Bach- und Fluß-
  ufern der Alpentäler, an
  Dünen der Ostsee; auch
  beliebter Zierbaum

- **Verbreitung**
  Nord- und Mitteleuropa

Reif-Weide
Salix daphnoides

Schon bei den ersten Anzeichen von Frühling brechen an den noch unbelaubten Zweigen dieses Baumes die Blütenkätzchen auf. Die Reif-Weide blüht als
erste Weidenart und kann mit den übrigen kaum ver-
wechselt werden. Als einzige mitteleuropäische Art
besitzt sie blau bereifte einjährige Zweige. Reif-Wei-
den brauchen zum Gedeihen nasse, nähr-
stoff- und kalkreiche Böden. Sie wachsen vor allem
an Alpenflüs-
sen bis in Höhen
von 1.500 m. Im
Norden eroberten sie
die Ostseeküste bis weit
hinauf nach Skandinavien.
Dort ist die Reif-Weide auf
den Schotterflächen der
Flüsse der Pionier unter
den Pflanzen.

Blätter

Spieß-Weide
Salix hastata

Die Spieß-Weide verändert ihre Wuchsform je nach Höhenlage ihres Standortes. In niederen Lagen wächst sie zu einem buschigen, bis zu 1,5 m hohen Strauch heran, in höheren Lagen wird sie sparrig und nur noch bis zu 1 m hoch und im hochalpinen Bereich bleibt sie ein niederliegender Kleinstrauch,

Blätter und weibliche Blüten

dessen Äste dicht am Boden kriechen. Auffällig an der Spieß-Weide sind ihre zarten, mattgrünen, im Verhältnis zum niedrigen Wuchs großen Blätter und ihre dicht behaarten Kätzchen. In Mitteleuropa kommt die Spieß-Weide hauptsächlich in den Alpen vor, daneben vereinzelt im Schweizer Jura und in den Sudeten.

▶ Strauch
▶ Mai bis Juli
▶ 0,5 – 1,5 m

▶ **Merkmale**
Blätter eiförmig, 6 – 8 cm lang; aufrechte Kätzchenblüten, kurz gestielt, männliche 3 – 5 cm, weibliche 4 – 10 cm lang, erscheinen mit den Blättern; Rinde älterer Zweige rotbraun, junge Zweige hellbraun, behaart; Frucht eine braune Kapsel

▶ **Vorkommen**
bachbegleitende Gebüsche, felsige Matten, bevorzugt in Höhen zwischen 1.000 und 2.000 m

▶ **Verbreitung**
Gebirge Mittel- und Südeuropas

- ▶ **Strauch**
- ▶ **März bis Mai**
- ▶ **2 – 5 m**

- ▶ **Merkmale**
  Blätter schmal, 6 – 12 cm lang, oben dunkelgrün, unten graugrün, im unteren Drittel ungesägt; Blüten erscheinen vor dem Blattaustrieb, Kätzchen sitzend, länglich, Staubbeutel vor dem Aufblühen purpurrot (Name); Rinde grau, glatt, junge Zweige purpurrot (Name); kleine, filzige Kapselfrucht

- ▶ **Vorkommen**
  besiedelt vorwiegend Ufer, Kies- und Sandbänke

- ▶ **Verbreitung**
  Europa

Purpur-Weide
Salix purpurea

Im Sand und Kies an den Ufern von Alpenflüssen bildet die Purpur-Weide fast undurchdringliche Buschwälder. Früher wurde sie im ländlichen Raum häufig angepflanzt, denn ihre biegsamen Zweige waren vielseitig einsetzbar. Man verwendete sie als Zaunmaterial oder befestigte mit diesen bei Fachwerkhäusern die Lehmfächer zwischen den Holzbalken. Winzer verwendeten die Ruten anstelle von Draht, um ihre Reben festzubinden. Man erzählt sich sogar, daß früher arme Leute ihre Schuhe mit den dünnen Zweigen der Purpur-Weide zubanden. Seinen Namen erhielt der Baum nach dem purpurroten Glanz junger Zweige.

Blätter

Lorbeer-Weide
Salix pentandra

Die Lorbeer-Weide ist eine der schönsten Weidenarten: Ihre Triebe glänzen gelb bis rötlichbraun, die Blätter leuchten in sattem Dunkelgrün. Der buschige Strauch steht in Mooren, Erlenbruchwäldern und Flußauen. Vielfach wurde er im Alpenraum sogar angepflanzt, um die Ufer reißender Bergbäche zu befestigen. Außerdem diente die Samenwolle früher als Füllung von Kopfkissen und Bettdecken. Die

Blätter

Früchte der Lorbeer-Weide sind grüne Kapseln, die bei Reife aufspringen. Die Samen tragen wollige Anhängsel, damit sie der Wind verbreiten kann. Lorbeer-Weiden können bis zu 15 m hoch werden, bleiben aber meist kleiner.

▶ Strauch
▶ Mai bis Juni
▶ 3–15 m

▶ **Merkmale**
Blätter oval, 4–10 cm lang, lorbeerblattartig (Name), oben tiefgrün, stark glänzend, unten matt, erscheinen vor den Blüten; goldgelbe Blütenkätzchen; Rinde grau, längsrissig; Kapselfrucht

▶ **Vorkommen**
Moore, Erlenbrüche, Weidensümpfe; Bachufer und Kiesbänke in Alpentälern, gelegentlich als Ziergehölz angepflanzt

▶ **Verbreitung**
Europa, Kleinasien, Kaukasus, Sibirien

- Strauch
- März bis April
- 1–2 m

- **Merkmale**
Blätter oben stumpfgrün, unten graufilzig, ohrförmige Nebenblätter (Name); männliche und weibliche Kätzchenblüten, erscheinen vor den Blättern; Rinde rotbraun, oft glänzend; Früchte graufilzige Kapseln

- **Vorkommen**
feuchte bis sumpfige Moorböden, Gebüsche an Mooren, nasse Wiesen

- **Verbreitung**
fast ganz Europa (Ausnahme: hoher Norden, Mittelmeergebiet)

Ohr-Weide
Salix aurita

Zwei Kennzeichen der nicht leicht zu bestimmenden Weidenarten machen die Ohr-Weide unverwechselbar. Es sind ohrenförmige Nebenblätter und deutlich fühlbare Längsstriemen am jungen Holz. Um sie zu sehen, muß man ein Stückchen Rinde entfernen. Überall an sumpfigen Stellen, in Teichgebieten, Hochmooren oder Feuchtwäldern wächst dieser 2 m hohe Strauch. Für den Ursprung der wissenschaftlichen Gattungsbezeichnung „Salix" gibt es mehrere Deutungen. Am naheliegendsten für Pflanzen, die vorwiegend am Wasser wachsen, erscheint eine Herleitung von den keltischen Wörtern „sal" (= nahe) und „lis" (= Wasser).

Zweige mit Kätzchen und Blättern

Schwarz-Pappel
Populus nigra

Jedes Jahr produziert eine Pappel etwa 26 Millionen Samen, die mehr als 15 km weit fliegen können. Das ist Rekord im Pflanzenreich. Auch die Wuchsleistung ist enorm: Der Zuwachs an Höhe liegt jährlich bei über einem Meter. Leider ist dieser Rekordbaum von Auwäldern und Altwässern als Wildart extrem gefährdet. Gepflanzt werden heute Kreuzungen verschiedener Pappelarten, vor allem die Pyramiden-Pappel. Auf der Schwarz-Pappel leben viele Insekten, beispielsweise die Raupen von acht Nachtschmetterlingen. Besonders fein hat sich die Laus *Pemphigus spirothecae* eingenistet: Sie wohnt in den Blattstielen.

Blätter

▶ Laubbaum
▶ März bis April
▶ 15 – 30 m

▶ **Merkmale**
Blätter herzförmig, lang gestielt; Blüten in hängenden Kätzchen, männliche Kätzchen rot, weibliche Kätzchen grüngelb; Rinde in der Jugend grauweiß, wird später zu schwarzer, tief längsrissiger Borke; Früchte grünbraune Kapseln, Samen mit weißem Haarschopf

▶ **Vorkommen**
natürlich in Auwäldern, an Altwässern, daneben Forstbaum, Alleebaum

▶ **Verbreitung**
Mittel- und Südeuropa

- Laubbaum
- März bis April
- 10 – 25 m

- **Merkmale**
Blätter fast kreisrund, mit
langen, dünnen Stielen,
werden durch den leichte-
sten Windhauch bewegt;
Blüten in hängenden Kätz-
chen; Rinde zunächst gelbgrau, glatt, wird erst im
Alter zu dunkelgrauer,
rissiger Borke; Frucht eine
Kapsel, die Samen mit
weißen, wolligen Haar-
schöpfen enthält

- **Vorkommen**
lichte Wälder, Kahlschläge,
Waldränder

- **Verbreitung**
fast ganz Europa

Zitter-Pappel, Espe
Populus tremula

Schon beim kleinsten Lufthauch sind die Blätter der
Zitter-Pappel in Bewegung. Ob sie damit Fraßinsek-
ten abwehren oder die Blattver-
dunstung steigern, um
mehr Wasser in die
Höhe zu pumpen, ist
noch ungeklärt. Doch
das „Zittern wie Espen-
laub" ist schon lange
sprichwörtlich. Die Zit-
ter-Pappel ist ein er-
staunlich schnelles Pio-
niergehölz. Nachdem Napo-
leon 1812 Moskau großenteils
zerstörte, sollen schon ein Jahr
danach Zitter-Pappeln die Ruinen besiedelt haben.
Auch Berthold Brecht widmet dem Baum im Nach-
kriegsberlin ein Pappelgedicht. Aus dem Holz der
Zitter-Pappel werden Zündhölzer gemacht.

Blätter

Silber-Pappel
Populus alba

Adalbert Stifter schrieb aus Wien: „Diese Silber-Pappeln, die Lieblingsbäume der Donauinseln, würdest du wohl kaum irgendwo anders in solcher Größe und Stattlichkeit antreffen als hier, wo sie geschont werden." Die Silber-Pappel unterscheidet sich mit ihren zweifarbigen Blättern deutlich von den anderen Pappelarten. Neben ihren natürlichen Standorten in Flußauen wird sie vielfach forstlich angebaut. Sie wächst schnell und wird in 30–40 Jahren über 30 m hoch. In neuerer Zeit wird sie vermehrt auch als Straßenbaum in Innenstädten angepflanzt. Mit ihren behaarten Blättern bindet sie viel Luftstaub.

Blätter

▶ Laubbaum
▶ März bis April
▶ 15–35 m

▶ **Merkmale**
Blätter drei- bis fünflappig, oben tiefgrün, kahl, unten weißfilzig; Blüten in hängenden Kätzchen, erscheinen vor dem Laub; Rinde zunächst weißgrau, glatt, wird im Alter dunkelgrau, rauh; Früchte hellbraune Kapseln, Samen mit Haarschöpfen

▶ **Vorkommen**
natürlich in lichten Auwäldern, an Flußufern, auch Forst- und Alleebaum

▶ **Verbreitung**
von Mittel- und Südeuropa bis Mittelasien und Nordafrika

- ▶ Laubbaum
- ▶ März bis April
- ▶ 25–30 m

▶ **Merkmale**
Blätter im Umriß fast drei-
eckig, Blattstiel 3–5 cm
lang; Blüten in hängenden
Kätzchen; Rinde grau bis
schwarz, tief gefurcht;
Frucht kleine Kapsel,
Samen mit auffälligen
schneeweiß-wolligen
Haarschöpfen

▶ **Vorkommen**
Naturvorkommen in Au-
wäldern, daneben Straßen-
und Parkbaum, forstlich
angebaut

▶ **Verbreitung**
von Frankreich aus in viele
Länder Europas verbreitet

Kanadische Pappel
Populus x *canadensis*

Blatt

Unter dem Namen „Kanadische Pappel" wird eine Gruppe von Pappeln
zusammengefaßt, die alle vor etwa
200 Jahren in Frankreich aus
einer Kreuzung zwischen der
europäischen Schwarz-Pappel
(*Populus nigra*) und der amerikanischen Rosenkranz-Pappel (*Populus
deltoidea*) entstanden. Diese Bäume
gedeihen am besten auf feuchten, fruchtbaren Böden und übertreffen mit ihrer enormen
Wuchsleistung viele andere Holzarten. Man pflanzte
sie in intensiv bewirtschafteten Kulturen, um Papier-
holz zu erzeugen. Als Streichhölzer noch mehr wert
waren, wurden sie in großen Mengen aus dem Holz
dieser Pappeln hergestellt.

Gagelstrauch
Myrica gale

Wer Moore in Norddeutschland besucht, riecht diesen würzig duftenden Busch sofort. Der heute gefährdete Strauch wurde früher vielseitig genutzt: Seine Blätter dienten anstelle von Hopfen als Bierwürze und machten es erst so richtig berauschend. Seine Blütenknospen wurden zum Gelbfärben verwendet, die Rinde in Lübeck zum Gerben. Am Niederrhein hießen Leute, die „dat Grut" ernteten, „de Grüter". Noch heute weisen viele Namen darauf hin. Die Früchte des Gagelstrauchs besitzen in ihrer Außenwand ein mit Luft gefülltes Gewebe. Dadurch werden sie schwimmfähig und können vom Wasser verbreitet werden.

♂

♀

Zweige mit weiblichen und männlichen Kätzchen

▶ **Strauch**
▶ **März bis April**
▶ **0,5–1,5 m**

▶ **Merkmale**
Blätter länglich, in der oberen Hälfte gesägt, oben und unten mit Öldrüsen; männliche Blüten aufrechte braune Kätzchen, 1 cm lang, weibliche Blüten grün, fast kugelig, 5 mm lang; Rinde rotbraun, mit gelben Harzkügelchen; dreizipfelige Steinfrucht mit gelben Harzpünktchen

▶ **Vorkommen**
Heidemoore, Ränder von Kiefernwäldern

▶ **Verbreitung**
Küstengebiete im nördlichen Mitteleuropa

- Laubbaum
- März bis April
- 10 – 40 m

- **Merkmale**
  Blätter oval, am Grund asymmetrisch, oben auffallend rauh; Blüten rötlichviolett, ungestielt, in Büscheln, erscheinen lange vor dem Laub; Rinde dunkelgrau, längsrissig; Frucht kahl, Same sitzt genau in der Mitte der Frucht

- **Vorkommen**
  Schluchtwälder, schattige Hangwälder der mittleren Gebirgslagen, gelegentlich als Alleebaum gepflanzt

- **Verbreitung**
  fast ganz Europa

Berg-Ulme
Ulmus glabra

Im Altertum waren Ulmen das Symbol des Todes und der Trauer. In Südfrankreich fanden unter ihren Zweigen Gerichtssitzungen statt. In den USA sind sie seit 200 Jahren das Symbol der Freiheit. Wechselvolle Geschichten, aber durch alle Zeiten wurde das wertvolle Ulmenholz sehr geschätzt. Seit einigen Jahren rafft das Ulmensterben durch einen Schlauchpilz viele wertvolle einheimische Bäume dahin. Ulmen sind sommergrüne Bäume und leicht an ihren schief aussehenden Blättern zu erkennen. An geeigneten Standorten wachsen sie bis 40 m in die Höhe und werden manchmal 400 Jahre alt.

Blüten und Früchte

Feld-Ulme
Ulmus minor

Die Feld-Ulme ist ein Baum der Ebene. Sie wächst in Auwäldern, ist aber auch, wie ihr Name schon sagt, ein altes Feldgehölz und tritt häufig als Kulturbegleiter in Menschennähe auf. Die meisten kulturgeschichtlich bedeutenden Ulmen sind Feld-Ulmen. Heute steht der Baum als stark gefährdet in der Roten Liste. Grund dafür ist das Ulmensterben, dem in den letzten Jahrzehnten viele alte Feld-Ulmen erlagen. Ausgelöst wird das Ulmensterben durch einen Schlauchpilz, der die Wasserleitungsgefäße verstopft, und den Ulmen-Splintkäfer, der Überträger der Pilzsporen ist und noch gesunde Bäume infiziert.

Blätter, Blüten und Früchte

▶ Laubbaum
▶ März bis April
▶ 15–40 m

▶ **Merkmale**
Blätter oval, am Grund asymmetrisch, oben glänzend dunkelgrün, unten heller, in den Nervenwinkeln bräunlich behaart; Blüten ungestielt, in Büscheln, erscheinen vor dem Laub; Rinde graubraun, durch Längs- und Querrisse gefeldert; Frucht kahl, Samen sitzt nahe am oberen Flügelrand

▶ **Vorkommen**
Auwälder der großen Flußtäler, Feldgehölze

▶ **Verbreitung**
Mittel-, West- und Südeuropa

- Laubbaum
- März bis April
- 10 – 35 m

- **Merkmale**
Blätter eiförmig bis rund, am Grund asymmetrisch, oben glatt und kahl, unten dicht behaart; Blüten gestielt, in Büscheln, erscheinen vor dem Laub; Rinde graubraun, löst sich in dünnen, gekrümmten Schuppen ab; Frucht gewimpert, gestielt, Samen in der Mitte

- **Vorkommen**
Auwälder der Stromtäler, feuchte Mischwälder, Waldränder, Alleebaum

- **Verbreitung**
Mittel- und Osteuropa

Flatter-Ulme
Ulmus laevis

Die Flatter-Ulme ist die anspruchsloseste der drei Ulmenarten. Sie kann sich dem Ulmensterben am besten widersetzen. In Norddeutschland wird sie besonders häufig angepflanzt. Leichtes Erkennungszeichen sind die unterseits weich behaarten Blätter. Auch die Flügelfrüchte zeigen typische Merkmale: Sie hängen an einem langen Stiel. Noch vor dem Laub wachsen sie heran und werden manchmal für kleine Blätter gehalten. Das Holz der Ulmen ist im deutschen Sprachraum unter dem Namen Rüster bekannt. Früher wurden daraus Räder, Speichen und Flaschenzüge gemacht. Heute wird Rüster zu Möbeln verarbeitet.

Blätter, Blüten und Früchte

Westlicher Zürgelbaum
Celtis occidentalis

Wie wir aus Fossilien des Braunkohle-Tagebaus wissen, waren Zürgelbäume vor 20 Millionen Jahren in Mitteleuropa häufig. Mit den verschiedenen Klimaveränderungen, zuletzt durch die Eiszeiten, zogen sie sich zurück. Heute ist der Westliche Zürgelbaum in Nordamerika ein weit verbreiteter Laubbaum. Er wächst dort in Laubwäldern tieferer Lagen zusammen mit der Amerikanischen Weiß-Ulme, dem Silber-Ahorn und verschiedenen Eichenarten. In Mitteleuropa wird dieser Ulmenverwandte heute wieder gepflanzt. Forstlich ist er zwar unbedeutend, aber als Zier- und Straßenbaum kehrt er in seine frühere Heimat zurück.

Blätter und Früchte

▶ Laubbaum
▶ April bis Mai
▶ 20–30 m

▶ **Merkmale**
Blätter eiförmig, oben glänzendgrün, glatt, unten etwas behaart; Blüten unscheinbar, grün, männliche in Büscheln, weibliche einzeln, lang gestielt; Rinde grau, tief gefurcht, Triebe etwas behaart; Frucht eine kugelige, braunrote Steinfrucht an langem Stiel

▶ **Vorkommen**
Zierbaum in Parkanlagen, Alleebaum

▶ **Verbreitung**
Heimat: Nordamerika, in Mittel- und Westeuropa gepflanzt

- Laubbaum
- Juni bis Juli
- 25–40 m

- **Merkmale**
Blätter schief herzförmig,
unten mit weißen Haar-
büscheln in den Nerven-
achseln; Blüten gelbweiß,
hängen meist zu drei bis
fünf in einem Blütenstand;
Rinde grau, mit feinen
Längsfurchen; filzige Kapselfrucht, 1 cm dick, mit
vier bis fünf deutlichen
Längsrippen

- **Vorkommen**
Straßen- und Parkbaum,
Bergwälder in Lagen mit
hoher Luftfeuchtigkeit,
ohne strenge Fröste

- **Verbreitung**
Mittel- und Südeuropa

Sommer-Linde
Tilia platyphyllos

Seit Menschengedenken gehört die Sommer-Linde zu unseren Lieblingsbäumen. Sie war auf Bauernhöfen, in Dörfern und Klöstern heiliger Baum und Mittelpunkt des Zusammenlebens. In ihrem Schatten berieten sich die Erfahrensten und Würdigsten eines Dorfes, hier wurde Recht gesprochen, hier traf man sich zu Festen und zum Tanz. Wegen der großen Wertschätzung dieses Baumes führen im deutschen Sprachraum viele Ortschaften die Linde in ihrem Namen. Sie heißen Lindau, Lindenhardt oder Linz (= Lindenhain). Auch Leipzig hieß 1845 noch Lipsko, was in die heutige Sprache übersetzt „Lindenort" bedeutet.

Blüten, Früchte und Blattunterseite
mit weißen Büscheln

Winter-Linde
Tilia cordata

„Perlen des Waldes" nennt der Förster die Winter-Linden und pflanzt sie in sommerwarme Laubmischwälder. Ihre leicht abbaubare Laubstreu pflegt die Böden. Schöne Bestände finden sich im Kottenforst bei Bonn und im Hessischen Bergland. Die Winter-Linde spielt forstlich eine größere Rolle als die Sommer-Linde. Das hat

Blüten, Früchte und Blattunterseite mit braunen Büscheln

mehrere Gründe: Sie stellt weniger Ansprüche an Boden, Licht und Wärme und wird seltener von Blattläusen befallen. Ihr hochwertiges Holz läßt sich für Schnitz- und Drechslerarbeiten verwenden. Viele berühmte gotische und barocke Altäre und Heiligenstatuen sind aus diesem Holz geschnitzt.

▶ **Laubbaum**
▶ **Juni bis Juli**
▶ **15 – 25 m**

▶ **Merkmale**
Blätter am Grund schief herzförmig, unten mit rotbraunen Haarbüscheln in den Nervenachseln; Blüten gelbweiß, stark duftend, hängen zu fünf bis neun in einem Blütenstand; Rinde dunkelgrau, dicht längsrippig; kugelige Kapselfrucht, 6 mm dick

▶ **Vorkommen**
warme Laubmischwälder, Waldränder der Mittelgebirgsregion, auch Zierbaum

▶ **Verbreitung**
verbreitet im größten Teil Europas

123

▶ Laubbaum
▶ Juli
▶ 30–40 (50) m

▶ **Merkmale**
Blätter symmetrisch, an
der Basis herzförmig,
unten mit hellgelblichen
Haarbüscheln in den Ach-
seln der Blattnerven; Blüten gelbweiß, duftend,
hängen zu fünf bis zehn in
langgestielten Blütenständen; Rinde mattgrau, von
flachen Furchen durchzo-
gen; leicht eiförmige Kapselfrucht, 8 mm lang, be-
haart, ohne Längsrippen

▶ **Vorkommen**
Straßen- und Parkbaum

▶ **Verbreitung**
Europa

Holländische Linde
Tilia x *europaea*

Winter-Linde und Sommer-Linde bilden in ihrem
gemeinsamen Verbreitungsgebiet einen fruchtbaren
Bastard aus, die Holländische Linde. Dieser Baum ist
deutlich höher als seine Eltern und hat eine dicht
belaubte, hochgewölbte, oft unregelmäßig auf-
gebaute Krone. Die Holländische Linde ist
von den beiden Elternarten nur schwer
zu unterscheiden. Die meisten ihrer
Merkmale stehen etwa in der
Mitte zwischen den beiden
Eltern. Die sichersten
Kennzeichen für den
häufigen Straßenbaum
sind immer noch die
hellgelben Haarbüschel
in den Aderwinkeln auf
der Blattunterseite und
Früchte ohne deutliche
Längsrippen.

Früchte

124

Silber-Linde
Tilia tomentosa

Jedes Jahr im Juli erscheint
bei uns in der Presse die
gleiche Meldung:
Hummeltod unter
den Silber-Linden.
Tatsächlich wurde
inzwischen fest-
gestellt, daß Silber-
Linden zum Hummelster-
ben beitragen. Ihr Nektar ent-
hält den Zucker Mannose, der hochdosiert für
Hummeln tödlich ist. Ähnliche Wirkungen hat auch
der Nektar der Krim-Linde *Tilia euchlora*. Nur in
feuchten Sommern mildert sich das Problem, weil
dann der Regen den Nektar verdünnt. Die Silber-
Linde aus Südosteuropa wird bei uns seit über 200
Jahren als Zierbaum angepflanzt. Namengebend für
den Baum sind seine auf der Unterseite silbrig
schimmernden Blätter.

Blätter

▶ Laubbaum
▶ Juli
▶ 15–30 m

▶ **Merkmale**
Blätter schief herzförmig,
unten dicht filzig behaart;
Blüten gelb, hängen zu
sechs bis neun in einem
Blütenstand, dessen Achse
bis über die Hälfte mit
einem ovalen, bis 9 cm
langen Tragblatt verwach-
sen ist; Rinde graugrün,
mit flachen Furchen über-
zogen; Frucht kugelig,
8–10 mm dick, warzig

▶ **Vorkommen**
Zierbaum

▶ **Verbreitung**
Heimat Süd- und Südost-
europa, in Mitteleuropa
gepflanzt

- ▶ Laubbaum
- ▶ Mai
- ▶ 2 – 12 m

▶ **Merkmale**
Blätter zart, lang gestielt, vielgestaltig; männliche und weibliche Blüten unscheinbar, kätzchenähnlich; Rinde graubraun, Äste knorrig, lassen sich leicht abbrechen; Früchte wie lange Brombeeren, weiß bis dunkelrot oder schwarz, eßbar

▶ **Vorkommen**
Heckenpflanze, Park- und Straßenbaum

▶ **Verbreitung**
Heimat China, in vielen Ländern Europas eingebürgert

Weißer Maulbeerbaum
Morus alba

Der Weiße Maulbeerbaum ist eine der wichtigsten Futterpflanzen der Seidenspinnerraupe. Seine Geschichte ist eng verbunden mit der Geschichte der Seidenraupenzucht. In China soll er zur Seidenproduktion bereits vor 4.500 Jahren kultiviert worden sein. In Europa, insbesondere Italien, begann die Seidenraupenzucht erst im 11. oder 12. Jahrhundert. Ein Anbau nördlich der Alpen war immer frostgefährdet und schwierig. Die Seidenraupenzucht an der Ostsee nahe Kiel wurde erst 1950 aufgegeben. Heute pflanzt man in Deutschland den Weißen Maulbeerbaum nur noch als Heckenpflanze zur Einfriedung von Gärten an.

Blätter und Frucht

126

Amberbaum
Liquidambar styraciflua

Kaugummibaum nennen die Amerikaner den Amberbaum, weil aus seiner Rinde das Styrax gewonnen wird. Diese harzige Flüssigkeit, „Sweetgum" oder „Red gum" genannt, ist ein natürlicher Zusatzstoff zu Kaugummi. Das bernsteinfarbene Harz dieses Baumes duftet intensiv und diente früher zur Parfümierung von Pelzen und Lederhandschuhen. Heute wird es in der Medizin als schleimlösendes Mittel verwendet. Der Amberbaum liefert in den USA eines der wichtigsten Hölzer für die Möbelherstellung. In Mitteleuropa ist er als dekorativer Parkbaum weit verbreitet, jedoch nicht immer winterhart. Sein Herbstlaub leuchtet auffällig scharlachrot.

Frucht

▶ Laubbaum
▶ Mai
▶ 20–45 m

▶ **Merkmale**
Blätter fünf- bis siebenlappig, erinnern an Ahornblätter; Blüten grünlich, stehen in kleinen kugeligen Blütenständen; Rinde junger Bäume grau, glatt, im Alter rauh, tief gefurcht; Fruchtstand kugelig, etwa 3 cm dick

▶ **Vorkommen**
in Nordamerika Laubmischwälder in Flußniederungen; in Mitteleuropa Zierbaum

▶ **Verbreitung**
Heimat Nordamerika, Mexiko, Guatemala, in Mitteleuropa gepflanzt

▶ **Merkmale**
Blätter tief gebuchtet mit drei bis fünf spitzen Lappen; Blüten reinweiß, mit nur einem Griffel, stehen doldig angeordnet, riechen unangenehm; Rinde graugrün, Zweige mit etwa 2 cm langen Dornen; Früchte kugelig, dunkelrot, mit nur einem Steinkern, eßbar

▶ **Vorkommen**
Wald- und Wegränder, Hecken, Gebüsche bis ins Mittelgebirge

▶ **Verbreitung**
Europa bis Mittelmeergebiet

Eingriffeliger Weißdorn
Crataegus monogyna

Wissenschaftliche Untersuchungen zeigten, daß der Weißdorn wohl der wichtigste Heckenstrauch ist. Er gibt Vögeln Schutz zum Brüten. Auf ihm entwickeln sich zahlreiche Schmetterlinge. Von seinem Nektar leben unzählige Schlupfwespen, die in der Landschaft biologische Schädlingsbekämpfung betreiben. Auch medizinisch hat er heute noch große Bedeutung: Seine Inhaltsstoffe stärken die Herzfunktion. Viele Medikamente tragen deshalb seinen lateinischen Namen „Crataegus" im Produktnamen. Früher wurden Felder und Weiden mit diesem „Hagedorn" umzäunt, denn er sollte Mensch und Tier vor gefürchteten bösen Geistern schützen.

Blüten und Blätter

Zweigriffeliger Weißdorn
Crataegus laevigata

Die Heilkraft des Weißdorns
für Herz- und Kreis-
laufkrankheiten ist
seit dem 1. Jahrhun-
dert nach Christus
bekannt. Die Inhalts-
stoffe von Blütenknospen
und Früchten stärken das
Herz dauerhaft. Weißdorn-
präparate spielen noch heute
eine große Rolle. Der Weißdorn kommt in vielen Varian-

Blüten und Blätter

ten vor, die erst kürzlich neu bestimmt wurden.
Gleichzeitig erkannten Ökologen seine große Bedeutung für die biologische Schädlingsbekämpfung. Auf
diesem Strauch entwickeln sich zahlreich Insekten,
die als Bundesgenossen des Menschen selbst in
großen Getreide- und Rübenschlägen Pflanzen-
schädlinge kurzhalten.

▶ **Strauch**
▶ **Mai bis Juni**
▶ **3–6 m**

▶ **Merkmale**
Blätter drei- bis fünfteilig,
nur wenig tief gelappt,
einzelne Abschnitte breit
abgerundet; Blüten weiß
oder rosa, mit zwei Grif-
feln, duften unangenehm;
Rinde grau, Zweige dornig;
Früchte kugelig, blutrot,
mit zwei oder drei Stein-
kernen

▶ **Vorkommen**
Waldränder, Hecken,
Gebüsche, im Gebirge bis
etwa 1.000 m

▶ **Verbreitung**
fast ganz Europa, im nördlichen Teil häufiger als im
südlichen

▶ **Laubbaum**
▶ **Mai**
▶ **10–20 m**

▶ **Merkmale**
Blätter breiter als bei anderen Mehlbeerarten, eirund, 7–10 cm lang, oben dunkelgrün, glänzend, unten graufilzig; Blüten rahmweiß, auf haarigen Stielen, in etwa 10 cm breiten Rispen; Rinde grau, glatt, junge Zweige glänzend olivbraun; Früchte kugelig, 1,5 cm dick, gelb bis braunrot, hell punktiert

▶ **Vorkommen**
in wärmeliebenden Laubwäldern

▶ **Verbreitung**
Mittel- und Westeuropa

Breitblättrige Mehlbeere
Sorbus latifolia

Mit Ausnahme des Speierlings, Mitteleuropas seltenstem Baum, neigen viele Arten der Gattung *Sorbus* dazu, sich untereinander zu vermischen und Bastarde zu bilden. Die Breitblättrige Mehlbeere ist ein solcher Fall. Ihre Elternarten sind die Echte Mehlbeere, *Sorbus aria*, und die Elsbeere, *Sorbus torminalis*. Diese Bastarde kommen meist nur in kleinen Gebieten vor, sind dort dann aber recht häufig. Der Breitblättrigen Mehlbeere begegnet man vor allen Dingen in den sonnigen Eichenwäldern Frankens, Badens und Thüringens. Erstmals gefunden wurde sie im Wald von Fontainebleau. Heute ist sie häufig auch ein beliebter Gartenbaum.

Blätter

130

Elsbeere
Sorbus torminalis

Möbel aus „Schweizer Birnbaum" gehören zu den teuersten. Hinter diesem Namen verbirgt sich das Holz der Elsbeere. Dieser wertvolle Baum wächst in wärmeliebenden Laubwäldern mit lockeren, kalkhaltigen Böden. Für *Sorbus*-Arten ungewöhnlich, sind seine Blätter ganz ähnlich wie ein Ahornblatt geformt. Seine filzigen, weißen Blüten werden von vielen Fliegenarten besucht, seine Früchte von Drosseln als Herbst- und Winterfutter genutzt. Auch für den Menschen sind die Früchte der Elsbeere eßbar, allerdings erst nach Frosteinwirkung. Früher wurden sie als Heilmittel gegen Durchfall und Ruhr verwendet (torminalis heißt Ruhr).

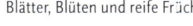

Blätter, Blüten und reife Früchte

▶ Laubbaum

▶ Mai bis Juni

▶ 10–20 m

▶ **Merkmale**
Blätter fast ahornförmig, etwas derb, oben glänzend dunkelgrün, unten graugrün, im Herbst blutrot; Blüten weiß, stehen in gewölbten, filzig behaarten Schirmrispen; Rinde braun, an jungen Bäumen noch glatt, später längsrissig, birnbaumartig; reife Früchte braun und hell punktiert

▶ **Vorkommen**
wärmeliebende Laubwälder und Gebüsche

▶ **Verbreitung**
Europa, ohne Nord- und Nordosteuropa

- Laubbaum
- Mai
- 10–17 m

- **Merkmale**
  Blätter mit vier bis fünf gut ausgebildeten Lappenpaaren, oben sattgrün, glänzend, unten graufilzig; Blüten weiß, in 8–10 cm breiten, filzigen Schirmrispen; Rinde grau und glatt; Früchte rund bis oval, 13 mm dick, rot

- **Vorkommen**
  Zierbaum an Straßen und Plätzen, manchmal in Laubwäldern verwildert

- **Verbreitung**
  natürlich hauptsächlich in Nordeuropa, in Mitteleuropa meist gepflanzt

Oxelbeere
Sorbus intermedia

Die Oxelbeere wurde als Eiszeitrelikt im Ostseeraum entdeckt. Heute kommt sie wild überall in Skandinavien und in der norddeutschen Tiefebene vor. Außerdem wird sie wegen ihrer Unempfindlichkeit gegen Luftschadstoffe in Deutschland zunehmend als Alleenbaum gepflanzt. Die Oxelbeere ist ein Bastard zwischen der Eberesche, *Sorbus aucuparia,* und der Mehlbeere, *Sorbus aria.* Demzufolge trägt sie auch Eigenschaften beider Elternarten in sich. Von der Mehlbeere hat sie die graufilzige Behaarung an der Blattunterseite, von der Eberesche die im Ansatz noch erkennbare Neigung zur Bildung von Fiederblättern.

Blätter

Stiel-Eiche
Quercus robur

Möglicherweise leitet sich das Wort Eiche vom altindischen „ighja", dem Wort für Verehrung, ab. Bei den Germanen war die Eiche dem Gott Thor geweiht. Aus Galläpfeln an den Blättern stellte man urkundenfeste Tinte her. Kein anderer Baum hat das Leben in Mitteleuropa mehr beeinflußt als Stiel-Eichen. Sie sind lichtbedürftig, brauchen feuchten, kalkhaltigen Boden und warmes, luftfeuchtes Klima.

Eichel

Stiel-Eichen werden mindestens 500 Jahre alt, einige Baumpersönlichkeiten erreichen sogar 1.400 Jahre. Ihr Holz ist bestes Nutzholz und bleibt wegen seines Gerbstoffgehaltes sogar unter Wasser lange haltbar.

▶ **Laubbaum**
▶ **April bis Mai**
▶ **20–50 m**

▶ **Merkmale**
Blätter kurzgestielt, auf jeder Seite mit drei bis sechs runden Lappen; männliche Blüten grüne, hängende Kätzchen, weibliche Blüten knopfförmig, rot; Rinde zunächst silbergrau, glänzend, wird später zu dunkler, tiefrissiger Borke; Eicheln in schuppigen Bechern, zu zwei bis drei an langen Stielen (Name)

▶ **Vorkommen**
Laubmischwälder der tiefen bis mittleren Lagen

▶ **Verbreitung**
Europa, Kleinasien

133

- ► **Laubbaum**
- ► **Mai**
- ► **15–40 m**

- ► **Merkmale**
Blätter regelmäßig ge-
buchtet, langgestielt;
männliche Blüten grüne
hängende Kätzchen, weib-
liche Blüten knopfförmig,
rot, sitzen dicht zusam-
mengedrängt; Rinde grau-
braun, von Furchen und
Rissen durchzogen;
Eicheln sitzen zu drei bis
sieben traubig gehäuft
direkt am Zweig (Name)

- ► **Vorkommen**
Waldbaum des Hügellan-
des und der Mittelgebirge,
wertvoller Forstbaum

- ► **Verbreitung**
Mittel- und Südeuropa

Trauben-Eiche
Quercus petraea

Wenn ein guter Cognac so richtig weich schmeckt,
dann ist er in einem Faß aus dem Holz der Trauben-
Eiche gereift. Diese Eichenart braucht wärmeres
Klima als die Stiel-Eiche und ist eher westlich orien-
tiert. In Mitteleuropa bevorzugt sie Spessart, Oden-
wald, Taunus, Pfälzer Wald und das Rheinische
Gebirge. Die Trauben-Eiche blüht rund
zwei Wochen später als die Stiel-
Eiche und wächst schneller.
Sie ist „die kleinere Schwe-
ster" der Stiel-Eiche. Aber
ihr Holz ist von höchster
Qualität und erzielt Spitzen-
preise. Schneideholz erntet
man nach 160 Jahren, das
wertvolle Furnierholz nach
etwa 250 Jahren.

Blätter, Blüten und Eichel

134

Zerr-Eiche
Quercus cerris

Für die heimische Forst-
wirtschaft hat die Zerr-
Eiche aus Südosteuropa
keine große Bedeutung.
Sie kann in Mitteleuropa
nur auf Wärmeinseln
überleben. So wächst sie
im Kaiserstuhlgebiet, im
Tessin, in der Steiermark
und in vielen Städten, die
künstliche Wärmeinseln sind.

Blätter und Eichel

Die Zerr-Eiche wird selten älter
als 200 Jahre. Ihr Holz hat einen rötlichen Kern,
reißt und bricht leicht. Als Möbelholz eignet es sich
daher wenig. Da der Baum sein trockenes Herbstlaub erst im folgenden Frühjahr abwirft, ist er eine
interessante Zwischenstufe zu den immergrünen
Eichen. Das arabische Wort „querrus" bedeutet
immergrün.

▶ Laubbaum
▶ April
▶ 20–35 m

▶ **Merkmale**
Blätter derb, fühlen sich
rauh an; männliche Blüten
grüne, hängende Kätz-
chen, weibliche Blüten
sitzen zu zwei bis vier in
den Blattachseln; Rinde
graubraun, rissig; Eicheln,
stecken bis zur Hälfte in
zottig-behaartem Frucht-
becher

▶ **Vorkommen**
Parkbaum, manchmal
verwildert

▶ **Verbreitung**
Heimat Südosteuropa,
Oberitalien, in Mittel-
europa in trocken-warmen
Klimalagen

- ▶ Laubbaum
- ▶ April bis Mai
- ▶ 5 – 20 m

- ▶ **Merkmale**
  Blätter mit beidseits fünf
  bis sieben ziemlich regel-
  mäßigen Lappen, unten
  behaart; männliche Blüten
  grüne, hängende Kätz-
  chen, weibliche Blüten
  unscheinbar, in den
  Blattachseln der Jungtrie-
  be; Rinde dunkel, längsrissig; Becher der Eicheln mit
  behaarten Schuppen

- ▶ **Vorkommen**
  Laubmischwälder an son-
  nigen Hängen, Parkbaum

- ▶ **Verbreitung**
  Süd- und Südosteuropa,
  sommerwarme Klimalagen
  Mitteleuropas

Flaum-Eiche
Quercus pubescens

Im französischen Perigord nennt man die Flaum-Eiche „chene truffier", Trüffeleiche. In ihrer Umgebung wachsen die wertvollen Trüffeln besonders häufig. Die Flaum-Eiche ist die Charakterart der Flaum-Eichentrockenwälder Süd- und Südosteuropas. Ihre Vorkommen in Mitteleuropa sind Relikte aus Warmzeiten (5.000 – 2.500 v. Chr.). Heute erreicht diese Eichenart im westlichen Mitteleuropa die Nordgrenze ihrer Verbreitung. In Deutschland finden wir sie noch an der Mosel, im Ahrtal, am Mittelrhein, im Saaletal bei Jena und auf der Schwäbischen Alb. Sicheres Kennzeichen sind die sternförmigen Haare auf der Blattunterseite.

Blätter und Eicheln

Rot-Eiche
Quercus rubra

Spätestens im Herbst macht
der Baum aus Amerika auf
sich aufmerksam. Solch ein
leuchtendes Rot zeigt kein
anderes Herbstlaub. Die
Rot-Eiche wurde vor rund
200 Jahren aus Nordame-
rika eingeführt. Sie ist
sturmsicher, kommt mit
kargen Böden zurecht und
wächst deutlich schneller

Blätter und
Eichel

als einheimische Eichen. Ihr Holz ist aber nicht so
fest und dauerhaft. Man verwendet es für Treppen,
Türrahmen und Furniermöbel. Doch ganz problem-
los ist dieser Baum nicht. Er ist hochanfällig gegen
die Eichenwelke, verursacht durch einen Pilz. Um
sich diesen Pilz nicht einzuschleppen, muß amerika-
nisches Stammholz bei der Einfuhr in die EU durch
Begasen sterilisiert werden.

▶ **Laubbaum**
▶ **Mai**
▶ **20–30 m**

▶ **Merkmale**
Blattlappen in feine Spitzen ausgezogen; Blüten
gleichen den übrigen
Eichen; Rinde dunkelgrau,
bis zum 40. Jahr glatt,
danach dünnschuppige
Borke; Eicheln glänzend
rotbraun, nur wenig von
flachem Fruchtbecher
umgeben

▶ **Vorkommen**
Laubmischwälder von der
Ebene bis ins Gebirge,
Forstbaum, Zierbaum

▶ **Verbreitung**
Heimat Nordamerika,
Kanada; in Mitteleuropa
seit über 200 Jahren

137

▶ **Merkmale**
Blätter auf jeder Seite in drei bis vier tief eingeschnittene, spitze Lappen geteilt; männliche Blüten hängende Kätzchen, weibliche Blüten in einer Hülle; Rinde zunächst hellgrau, glatt, später dunkler, mit Längsfurchen; Eicheln klein, zur Hälfte vom Fruchtbecher umgeben

▶ **Vorkommen**
Parkbaum auf feuchten Lehm- oder Tonböden

▶ **Verbreitung**
Heimat Nordamerika; in Mitteleuropa angepflanzt

Sumpf-Eiche
Quercus palustris

Die Sumpf-Eiche ist ein sommergrüner Laubbaum mit kerzengeradem Stamm und breiter, gewölbter Krone. In ihrer Heimat, dem mittleren und östlichen Nordamerika, wächst sie verbreitet im Überschwemmungsbereich von Flüssen, in nassen, wechselfeuchten Niederungen, aber nicht in eigentlichen Sumpfgebieten. In Mitteleuropa wird sie wegen ihres tiefroten Herbstlaubes gerne als Parkbaum angepflanzt, manchmal auch als Zierbaum entlang von Straßen. Besonderes Kennzeichen sind die extrem spitzen Lappen der Eichenblätter. Auch die Eicheln sind auffallend klein. Das Holz wird zu Wandvertäfelungen verwendet.

Blatt

Stechpalme
Ilex aquifolium

Schmerzhaft stechende Blätter sind das Kennzeichen der Stechpalme. Damit schützt sich der Baum der Laubwälder vor Wildverbiß. Hohe Stechpalmenbäume entwickeln allerdings zwei verschiedene Blattarten: Im unteren Bereich tragen sie als Schutz gegen

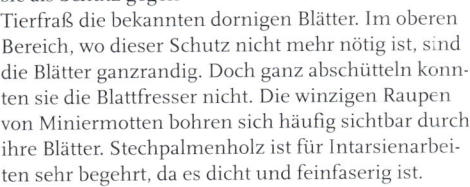

Blüten in den Blattachseln

Tierfraß die bekannten dornigen Blätter. Im oberen Bereich, wo dieser Schutz nicht mehr nötig ist, sind die Blätter ganzrandig. Doch ganz abschütteln konnten sie die Blattfresser nicht. Die winzigen Raupen von Miniermotten bohren sich häufig sichtbar durch ihre Blätter. Stechpalmenholz ist für Intarsienarbeiten sehr begehrt, da es dicht und feinfaserig ist.

▶ Strauch oder kleiner Baum
▶ Mai bis Juni
▶ 3–10 m

▶ **Merkmale**
Blätter ledrig derb, unverwechselbar grob dornig gezähnt; Blütenstände in den Blattachseln, Blüten weiß, unscheinbar; Rinde glatt, grau, an jungen Zweigen grün; Früchte erbsengroße rote Beeren, giftig

▶ **Vorkommen**
unterholzreiche Laubmischwälder, Gebüsche; braucht mildes Klima, hohe Luftfeuchtigkeit

▶ **Verbreitung**
West-, Mittel- und Südeuropa

Ahornblättrige Platane
Platanus acerifolia, Platanus x *hybrida*

▶ **Merkmale**
Blätter ahornähnlich, drei-
bis fünflappig, unten be-
haart; Rinde graubraun,
springt in großen Platten
ab; Blüten kugelig, gelb
und rot; Früchte kugelig,
hängen meist zu zweit an
langen Stielen am Baum

▶ **Vorkommen**
Park- und Straßenbaum

▶ **Verbreitung**
Herkunft umstritten, gilt
als Bastard zwischen Mor-
genländischer und Ameri-
kanischer Platane, heute in
ganz Europa angepflanzt

Die wohl älteste Platane Europas steht in dem nach
ihr benannten Ort Platano am Monte Baldo nahe
dem Gardasee. Sie ist etwa 400 Jahre alt und 20 m
hoch. Die Platane ist der Baum des Südens und
säumt fast jede südfranzösische Landstraße. Bislang
waren sie weitgehend sicher vor
Schädlingen. Neuerdings
werden die Ahornblättri-
gen Platanen häufig
von einem Pilz befal-
len, der die austreiben-
den Blätter schädigt. Sie ster-
ben ab, bleiben aber das
ganze Jahr über trocken am
Baum hängen. Das Holz der
Platane ist ein gefragtes Drechs-
lerholz. Besonders dekorativ sind
kunstvolle Intarsienarbeiten aus
gemaserten Stammabschnitten.

Blätter und
Früchte

Ginkgobaum
Ginkgo biloba

Der Ginkgobaum ist der einzige,
heute noch lebende Vertreter einer Pflanzen-
gruppe, die schon
vor rund 200 Millio-
nen Jahren weltweit
verbreitet war. Weil
er heute noch
genauso aussieht wie
seine Verwandten damals,
wird er als lebendes Fossil bezeichnet. Der Ginkgobaum ist ein Nacktsamer
und demnach mit den Nadelhölzern enger verwandt
als mit den Laubbäumen. Er gilt als alte chinesische
Heilpflanze. Aus seinen Blattextrakten werden Mittel
gegen Husten, Durchblutungsstörungen, Schwindel,
Gedächtnisschwäche und vieles mehr hergestellt. In
der Forstwirtschaft spielt der Ginkgobaum keine
Rolle.

Blätter

▶ Laubbaum
▶ März bis April
▶ 25–30 m

▶ **Merkmale**
Blätter weich, lang gestielt,
fächerförmig; männliche
Blüten gelbgrüne Kätzchen,
weibliche Blüten klein,
stehen zu zweit an langen
Stielen; Rinde erst hell-
braun, Borke alter Stämme
grau, tief gefurcht; Früchte
gelbgrün, kugelig, pflau-
menähnlich, riecht unan-
genehm

▶ **Vorkommen**
überall als widerstands-
fähiger Park- und Straßenbaum angepflanzt

▶ **Verbreitung**
Heimat China, seit 1730 in
Europa

- **Kletterstrauch**
- **September bis Oktober**
- **1–20 m**

- **Merkmale**
Blätter entweder drei- bis
fünflappig oder herzförmig
und ungeteilt, glänzend,
etwas fleckig; Blüten gelb-
lich-grün, stehen in halb-
kugeligen Dolden, duften
faulig; Rinde grünlich-
oder bräunlichgelb; Früchte zunächst grüne, zur
Reifezeit schwarze, erb-
sengroße Beeren, giftig

- **Vorkommen**
schattige Laubmischwäl-
der, Felshänge, Ruinen

- **Verbreitung**
West-, Süd- und Mittel-
europa

Efeu
Hedera helix

Blätter

Am blanken Fels oder am Baumstamm
zwanzig Meter emporzuklettern, bringt
in unseren einheimischen Breiten nur
eine Pflanze fertig, deren Vorfahren in
tropischen Wäldern um Licht kämp-
fen mußten. Tatsächlich ist der Efeu
der einzige mitteleuropäische Vertreter einer tropischen Pflanzenfamilie. Das zeigt auch der exo-
tische Blühtermin. Erst Ende
September beginnt der Efeu zu
blühen, seine Früchte reifen im
Februar. Mit welch kräftigen Luftwurzeln der Efeu klettert, zeigen
eindrucksvoll die efeuberankten,
alten Eichenriesen östlich von
Kiel. Im Garten ist der Efeu die
richtige Wahl, um schattige Haus-
wände zu begrünen.

Rote Johannisbeere
Ribes rubrum

Die Rote Johannisbeere ist in Deutschland wahrscheinlich schon seit dem Ende des 15. Jahrhunderts Kulturpflanze. Heute wird sie in vielen Sorten angebaut, die sich in Fruchtgröße, Fruchtfarbe und in der Anzahl der Früchte unterscheiden. Johannisbeeren enthalten sehr viel Vitamin C, Fruchtsäure und Fruchtzucker, können zu Säften, Wein, Gelee und Marmelade verarbeitet werden. Wild kommt die Rote Johannisbeere heute nur noch selten vor. Ab und zu findet man sie in Auwäldern auf feuchten, nährstoffreichen Böden. Der Name Johannisbeere bezieht sich auf die Reifezeit der Beeren um Johanni (24. Juni).

Früchte

▶ **Strauch**
▶ **April bis Mai**
▶ **1–2 m**

▶ **Merkmale**
Blätter drei- bis fünflappig, oben kahl, unten leicht behaart; Blüten grüngelb, in überhängenden, reichblütigen Trauben; Rinde graubraun; Früchte rote, durchscheinende Johannisbeeren, bei einigen Gartensorten auch rosa oder gelbweiß

▶ **Vorkommen**
wild in feuchten Erlen- und Eschenwäldern, feuchten Gräben und Gebüschen, daneben zahlreiche Kulturformen

▶ **Verbreitung**
Mittel- und Westeuropa

143

- **Strauch**
- **April bis Mai**
- **1 – 2 m**

- **Merkmale**
  Blätter drei- bis fünflappig, oben kahl, unten behaart und mit gelben Harzdrüsen besetzt, riechen beim Zerreiben unangenehm; Blüten grünrot, zu zwei bis zehn in weich behaarten, hängenden Trauben; Rinde hellgrau; Früchte schwarze Beeren und hell drüsig punktiert

- **Vorkommen**
  besiedelt wild Bruchwälder, Auwälder, Ufergebüsche, daneben verbreitete Nutzpflanze

- **Verbreitung**
  fast ganz Europa

Schwarze Johannisbeere
Ribes nigrum

Rinde, Blätter und Früchte der Schwarzen Johannisbeere verströmen einen eigenartig wanzenähnlichen Geruch. Trotzdem wird der Strauch in Mitteleuropa seit Mitte des 18. Jahrhunderts (in Osteuropa möglicherweise schon 200 Jahre früher) als Kulturpflanze an feuchten, halbschattigen Standorten angebaut und vielfältig genutzt. Schwarze Johannisbeeren sind wegen ihres außerordentlich hohen Vitamin-C-Gehaltes sehr wertvoll. Sie werden zu Fruchtsäften, Wein, Likör und Marmelade verarbeitet. Ein Aufguß aus den getrockneten Blättern wird in der Naturmedizin gegen Rheuma, Gicht und Keuchhusten eingesetzt.

Blüten und Blätter

Blut-Johannisbeere
Ribes sanguineum

Die Blut-Johannisbeere ist
ein frühblühender
Strauch, der wahr-
scheinlich 1826 aus
dem westlichen
Nordamerika (Kali-
fornien) nach
Europa gebracht
wurde und wegen sei-
ner üppigen Blüten in
den hiesigen Gärten häu-

Blüten und Blätter

fig gepflanzt wurde. Heute gibt es die Blut-Johannisbeere bei uns in vielen Zuchtformen, die sich in Blü-
tenfarbe und Wuchsform voneinander unterscheiden. Ein ähnlicher, bereits 1812 aus Kalifornien nach
Europa eingeführter Zierstrauch mit goldgelben,
duftenden Blüten ist die Gold-Johannisbeere (*Ribes
aureum*), die vor allem in großen Gärten als Unterwuchs unter Bäumen gepflanzt wird.

▶ **Strauch**
▶ **April bis Mai**
▶ **1,5–3,5 m**

▶ **Merkmale**
Blätter drei- bis fünflappig,
oben dunkelgrün, runzelig,
unten dicht weißfilzig.
Blüten tiefrot, in vielblüti-
gen, hängenden Trauben;
Rinde der Zweige rotbraun,
mit eingestreuten Drüsen-
haaren; Früchte blau-
schwarze Beeren, weiß
bereift

▶ **Vorkommen**
Zierpflanze auf nährstoffreichen, nicht zu festen
Böden und gelegentlich
verwildert

▶ **Verbreitung**
Heimat Nordamerika, in
Europa gepflanzt

145

▶ **Strauch**
▶ **April bis Juni**
▶ **0,5–2 m**

▶ **Merkmale**
Blätter dreilappig, Blattrand grob gezähnt; Blüten grüngelb, in aufrechten, traubigen Blütenständen, männliche Trauben 10–30blütig, weibliche zwei- bis fünfblütig; Rinde der Stämmchen dunkelbraun, der Äste grau, der Zweige glänzend braungelb; Früchte kleine rote Beeren

▶ **Vorkommen**
Schluchtwälder, felsige Gebüsche, steinige Hänge

▶ **Verbreitung**
Gebirge und Mittelgebirge Europas

Berg-Johannisbeere
Ribes alpinum

Aus dem Bergwald in die Gärten: Die Berg-Johannisbeere der alpinen Schluchtwälder ist heute eine der beliebtesten Heckenpflanzen in unseren Gärten. Viele Zuchtsorten sind im Handel, da der Strauch dicht wächst und Zuschnitt gut verträgt. Seine grüngelben Blüten sind eine gute Bienenweide, seine glänzend roten Beeren aber eher von fadem Geschmack. Bergwanderer werden dem Strauch überall in den Kalkalpen begegnen. Dort bildet er oft dichte Bestände im Unterholz. Gelegentlich steht er zusammen mit der Stachelbeere, einer naheverwandten Art, von der sich viele Gartenformen ableiten.

Blüten und Blätter

Felsen-Johannisbeere
Ribes petraeum

Dieser schattenliebende Strauch ist ein Relikt aus der Eiszeit. In den nördlichen, gemäßigten Zonen der Erde gibt es etwa 150 Arten von Johannisbeersträuchern. Die Felsen-Johannisbeere wächst wild in feuchten Mischwäldern mit reichlich Unterholz in Höhenlagen zwischen 800 m und 2.000 m. Nur im Oberengadin dringt sie bis in Höhen von 2.500 m vor. Wild kommt die Felsen-Johannisbeere in den Pyrenäen, Alpen und Karpaten vor. In Deutschland ist sie als Wildpflanze gefährdet. Aber sie wird in vielen Kultursorten als Zierstrauch in Gärten angepflanzt. Die Besonderheit dieser Johannisbeere: Ihre Blütentrauben sind grün.

Früchte und Blatt

▶ **Strauch**
▶ **Mai bis Juni**
▶ **1–2,5 m**

▶ **Merkmale**
Blätter mit drei bis fünf spitz-dreieckigen Lappen, Blattrand gesägt, Blattstiel behaart; Blüten grün, rot punktiert, in dichten überhängenden Trauben, Kelchblätter am Rand bewimpert; Rinde der Stämmchen rötlichbraun; Früchte rote, kugelige Beeren, eßbar, sehr sauer

▶ **Vorkommen**
hochstaudenreiche Bergmischwälder, Bergschluchten, steinige Hänge

▶ **Verbreitung**
Gebirge Mitteleuropas

147

- ▶ Strauch
- ▶ April bis Mai
- ▶ 0,5 – 1,5 m

- ▶ **Merkmale**
  Blätter drei- bis fünflappig,
  auf beiden Seiten behaart;
  Blüten gelbgrün oder rot,
  stehen zu eins bis drei in
  den Blattachseln; Rinde
  graubraun, Äste mit meist
  dreiteiligen Stacheln;
  Früchte rote, vielsamige
  Beeren

- ▶ **Vorkommen**
  wild an Waldrändern, in
  steinigen Gebüschen, auf
  stickstoff- und kalkreichen
  Böden, daneben viele
  Kulturformen

- ▶ **Verbreitung**
  mit Ausnahme von Nord-
  europa in ganz Europa

Stachelbeere
Ribes uva-crispa

Die bekanntesten Ribesarten sind die Johannisbeeren und die Stachelbeeren. Zwischen beiden gibt es
deutliche Unterschiede: Die Stachelbeere ist ein mit
spitzen Stacheln bewehrter Strauch, Johannisbeer-
sträucher sind unbewehrt, Stachelbeerfrüchte stehen
nicht in Trauben, sondern einzeln oder paarig
zusammen, die Lappen der Stachelbeerblätter sind
nicht spitz, sondern abgerundet. Die Stachelbeere
kommt wild in Europa nur noch vereinzelt vor. Sie ist
die Stammpflanze zahlreicher Zuchtsorten, die seit
dem 14. Jahrhundert kul-
tiviert werden und
lange Zeit vor allem
in England sehr
beliebt waren.

Blüten und Blätter

148

Weiße Robinie
Robinia pseudoacacia

Die Robinie wurde benannt nach Jean Robin, einem Gärtner am französischen Königshof, der 1601 die ersten Robiniensamen aus Übersee erhielt. Im ganzen 17. Jahrhundert betrachtete man den Baum als „einfachen Zierbaum". Erst im beginnenden 19. Jahrhundert kam die Robinie zu wirtschaftlicher Bedeutung. Heute hat sie sich wie kein anderer nordamerikanischer Baum in Europa akklimatisiert. Ihr Holz hatte schon jeder einmal in der Hand. Es liefert die Zapfhähne für Bierfässer. Außerdem wird es als Möbelholz genutzt. Aus ihren glänzend braunen, harten Samen stellt man Perlen für Rosenkränze her.

Blütenstand und Zweig mit Dornen

▶ Laubbaum
▶ Mai bis Juni
▶ 10–20 m

▶ **Merkmale**
Blätter unpaarig gefiedert, Einzelbättchen oval, oben sattgrün, unten graugrün; Blüten weiß, duftend, in dichten, hängenden Trauben; Borke dunkelbraun, tiefrissig, Zweige dicht mit Dornen besetzt; Früchte dunkelbraune und flache Hülsen

▶ **Vorkommen**
Waldränder, Bahndämme, Geröllhalden, auf leichten Böden

▶ **Verbreitung**
Heimat Nordamerika, in Europa eingebürgert und verwildert

149

- ▶ Laubbaum
- ▶ Juni bis Juli
- ▶ 25–40 m

▶ **Merkmale**
Blätter länglich, spitz; Blüten grünlich, in 5–7 cm langen hängenden Trauben; Rinde graubraun, besetzt mit zahlreichen rotbraunen, langen Dornen; Früchte lange, braune, sichelförmig gedrehte Hülsen

▶ **Vorkommen**
in den USA Baum der Laubmischwälder in Flußniederungen, in Europa häufiger Zierbaum

▶ **Verbreitung**
Heimat Nordamerika, in Mittel- und Südeuropa eingebürgert

Christusdorn
Gleditsia triacanthus

Früchte

Ob die Dornenkrone Jesu von diesem Strauch stammt oder von der gleichnamigen Wolfsmilch (*Euphorbia milii*) aus Madagaskar, die als echter Christusdorn gilt, ist heute schwer zu entscheiden. Der schnellwachsende Baum ist an Stamm und Ästen mit dichten Büscheln starrer Dornen bewehrt, die meist in Dreiergruppen angeordnet sind. Darauf nimmt sein lateinischer Artname Bezug (triacanthus = dreidornig). Bei uns wird der Christusdorn wegen seines dekorativen Aussehens gerne in Parks gepflanzt. Weil er Schnitt gut verträgt, eignet er sich aber auch als Heckenpflanze. In Südeuropa fressen Ziegen seine Früchte.

Gewöhnlicher Goldregen
Laburnum anagyroides

Wegen seines Blütenreichtums im Mai
fehlt der wärmeliebende Goldregen
heute in fast keinem Garten. Doch
Vorsicht: Der schöne Strauch gehört zu den giftigsten bei uns vor-
kommenden Pflanzen. Er enthält
in Blättern, Blüten, Samen und
Rinde hochwirksame, tödlich
giftige Alkaloide. Trotzdem wird
er schon seit dem 16. Jahrhundert als Zierpflanze in mitteleuropäischen Parks kultiviert.
In milden Lagen trifft man
ihn gelegentlich auch verwildert an. Goldregenholz ist hart
und läßt sich gut polieren.
Früher wurden daraus Arm-
brustbogen hergestellt. Heute verwendet man es zum Bau von Musikinstrumenten.

Blütenstand

▶ **Strauch oder kleiner Baum**
▶ **Mai**
▶ **1,5 – 7 m**

▶ **Merkmale**
Blätter kleeartig dreizählig
gefiedert, mit langem Stiel,
Fiederblättchen unten
seidig behaart; Blüten in
20 – 30 cm langen hängen-
den Trauben, gelb; Rinde
olivbraun bis schwarz,
glatt; Hülsenfrucht, bis
7 cm lang, braun

▶ **Vorkommen**
beliebte Zierpflanze, Wildform in trockenen Wäldern
und Gebüschen

▶ **Verbreitung**
Ebene, Hügelland und
Gebirge von Mittel- und
Südeuropa

- ▶ Strauch
- ▶ Mai bis Juni
- ▶ 0,5 – 2 m

▶ **Merkmale**
Blätter im unteren Stengel-
bereich kleeartig dreizählig, oben oft nur einfach;
Blüten goldgelb, gestielt,
mit spiralig nach innen
gebogenem Griffel; Rinde
grünbraun, glatt, Zweige
kantig, biegsam; reife
Früchte flache, schwarze
Hülsen, enthalten viele
bohnenförmige Samen

▶ **Vorkommen**
Kiefernwälder, Waldränder,
Heiden, Wegränder,
Böschungen

▶ **Verbreitung**
Mitteleuropa

Gewöhnlicher Besenginster
Cytisus scoparius

Mit goldgelben Blüten setzt der Besenginster Ende Mai auf Heiden und an
trockenen Waldrändern weithin
sichtbare Lichtpunkte. Sein süßli-
cher Duft lockt vor allem Hummeln
als Blütenbesucher an. Raffiniert ist
seine Verbreitung: Der Strauch läßt
seine Samen von Ameisen forttra-
gen. Als Botenlohn bietet er süß
schmeckende Samenanhängsel. Der
Besenginster wird auf dem Land
auch heute noch vielfach genutzt.
Ein Besen, gebunden aus seinen
rutenförmigen Zweigen, fehlt in keinem Haushalt. Sein Holz ergibt eine
aromatische Grillkohle. Seine getrockneten Blütenknospen werden in der
Naturheilkunde wirksam als harntrei-
Blüten bendes Mittel verwendet.

Behaarter Geißklee
Chamaecytisus hirsutus

Dieser Strauch ist in seiner Wuchsform sehr vielgestaltig: Mal kriecht er flach am Boden, mal stehen seine rutenförmigen, gerippten Äste aufrecht. Doch ein Kennzeichen ist unverwechselbar: seine Blätter sind kleeblattförmig. Man begegnet diesem sonnengelb blühenden Strauch, der auch Zottiger Zwergginster genannt wird, hauptsächlich südlich des Alpenhauptkammes. Auf kalkarmen, trockenen und steinigen Böden des Aosta-Tales oder der Hänge rund um den Gardasee ist er ebenso vertreten wie in Niederösterreich oder im Burgenland. Wegen seiner dekorativen Blüten wird er auch gerne in Gärten angepflanzt.

Blüten und Blätter

▸ Strauch
▸ April bis Juni
▸ 0,30–1 m

▸ **Merkmale**
Blätter kleeblattartig dreiteilig, oben kahl, unten zottig behaart; Blüten goldgelb, Blütenkelch mit langen abstehenden Haaren; Rinde grünbraun, junge Triebe zottig behaart; Frucht dunkelbraune flache Hülse, 2–4 cm lang, behaart, Samen giftig

▸ **Vorkommen**
Trockenrasen, Trockengebüsche, Geröllhalden; bis in Höhen von 1.200 m

▸ **Verbreitung**
Mitteleuropa, Südosteuropa, Westasien

- Laubbaum
- April bis Mai
- 10 – 25 m

Merkmale
Blätter duften beim Zerreiben aromatisch; weibliche
Blüten zu zwei bis fünf in
aufrechten Ähren, männ-
liche Kätzchen hängend;
Rinde junger Bäume glatt,
aschgrau, im Alter tief
gefurcht; Steinfrucht mit
grüner Schale und hartem
Kern (Walnuß)

Vorkommen
milde Lagen, lockere, nahrhafte, kalkreiche Böden

Verbreitung
Heimat Balkan, Asien; in
Mitteleuropa angepflanzt

Echte Walnuß
Juglans regia

Junger Rotwein und frische Walnüsse gehören
zusammen. Wohl deshalb wurde die Echte Walnuß
bereits zur Römerzeit in Mitteleuropa eingeführt. Ab
dem 15. Lebensjahr setzen Walnußbäume Früchte
an. Zur Hauptertragszeit kann man von einem einzigen Baum jährlich etwa 50 kg Nüsse ernten. Walnüsse enthalten ein fettes Öl, das zum Teil als Speiseöl verwendet und zum Teil Künstlerölfarben beige-
mischt wird. Das dunkelbraune Holz
des Walnußbaumes ist eines der
schönsten und wertvollsten
Nutzhölzer und ein gefragtes
Möbelholz. Blätter und
grüne Fruchtschalen wer-
den in der Naturheil-
kunde eingesetzt.

Früchte

Kaukasische Flügelnuß
Pterocarya fraxinifolia

Dieser Parkbaum aus dem Kaukasus fällt durch seine langen Fruchtstände aus geflügelten Nüssen auf. Er ist mit der Walnuß verwandt, seine Früchte sind aber kaum genießbar. In Mitteleuropa wird der dekorative Baum seit etwa 150 Jahren als Park- und Straßenbaum angepflanzt. Er gilt als weitgehend winterhart, leidet höchstens, wie andere Walnußarten auch, unter Spätfrösten. In seiner ursprünglichen Heimat steht der 30 m hohe, oft mehrstämmige und sehr breitkronige Baum entlang fließender Gewässer. Eine Verwechslungsmöglichkeit bieten die Blätter, die an Eschen erinnern. Die Borke allerdings ist typisch schwarzgrau.

▶ Laubbaum
▶ April bis Mai
▶ 15–20 m

▶ **Merkmale**
Blätter unpaarig gefiedert, Einzelblättchen unten mit Sternhaaren in den Blattachseln; Blüten in langen hängenden Kätzchen; Rinde schwarzgrau, tief gefurcht; Fruchtstände bis 45 cm lang, hängend; Früchte mit zwei halbkreisförmigen Flügeln

▶ **Vorkommen**
häufig gepflanzter Zierbaum in Parks, Straßenbaum

▶ **Verbreitung**
Heimat nördlicher Iran, Kaukasus, in Mitteleuropa eingebürgert

Fruchtstand

- Laubbaum
- Juli bis August
- 20–25 m

- **Merkmale**
  Blätter aus 9–25 Teilblätt-chen, riechen beim Zerrei-ben unangenehm; Blüten gelb-weiß, stehen in Bü-scheln; Borke hell, mit feinen Längsfurchen; Früchte eschenartig geflü-gelt, zur Reifezeit intensiv rot

- **Vorkommen**
  gedeiht an Standorten mit kalkhaltigen, steinigen Böden

- **Verbreitung**
  Heimat China, in Mittel-europa als Zierbaum angepflanzt, manchmal verwildert

Götterbaum
Ailantus altissima

„Baum des Himmels" bedeutet das molukkische Wort „ailanto", nach dem der Götterbaum seinen wissenschaftlichen Namen erhielt. Warum er göttlich sein soll, ist nicht bekannt, riechen seine Blätter beim Zerreiben doch widerlich. Der Götterbaum

Blütenstand

wurde im 18. Jahrhundert aus China nach Mitteleuropa eingeführt. Weil er auch in abgasbelasteten Städten gedeiht und kaum von Krankheiten und Schädlin-gen bedroht ist, wird er heute oft in städtischen Grünanlagen angepflanzt. Aber er wird selten älter als 40–50 Jahre. Sein Holz hat kaum Nutzwert und ist daher nur zur Papierherstel-lung geeignet.

Schwarze Walnuß
Juglans nigra

- Laubbaum
- Mai
- 30–50 m

- **Merkmale**
  Blätter lang, spitz, unpaarig gefiedert; weibliche Blüten in Gruppen zu drei bis fünf, männliche Blüten hängende Kätzchen; Rinde dunkelbraun bis schwarz, tiefrissig; dickschalige Steinfrucht, öffnet sich zur Reifezeit nicht, Kern (Schwarznuß) grob gefurcht

- **Vorkommen**
  Parkbaum in milden Lagen, auf besten Böden

- **Verbreitung**
  Heimat Nordamerika, in Mitteleuropa angepflanzt

Die Schwarze Walnuß ist die amerikanische Verwandte der europäischen Echten Walnuß. Sie ist zuhause in den östlichen Staaten Nordamerikas. In Deutschland

Früchte

wurde sie um 1629 eingebürgert. In ihrer Heimat wächst die Schwarze Walnuß in 400 Jahren bis zu 50 m hoch. Auch in milden Lagen Europas wird sie ein Baum von beachtlicher Größe, erreicht aber nie diese extreme Höhe. Das Holz der Schwarzen Walnuß ist ein hochwertiges Möbelholz. Ihre Früchte sind etwa pfirsichgroß, äußerst hart und daher sehr schwer zu knacken. Um sie zu öffnen, wurde in den USA ein spezieller Nußknacker hergestellt. Herkömmliche Geräte sind für die Schwarze Walnuß ungeeignet.

- **Strauch**
- **Juni bis Juli**
- **3–5 (12) m**

- **Merkmale**
  Blätter unpaarig gefiedert, Teilblättchen oben sattgrün, unten graugrün; Blüten in aufrechten Kolben, erst grüngelb, später rotbraun; Rinde graubraun, rissig; Früchte kugelig, etwa 5 mm dick, scharlachrot, dicht behaart, in kolbenartigen Fruchtständen

- **Vorkommen**
  verbreiteter Zierstrauch, vielfach verwildert

- **Verbreitung**
  Heimat Nordamerika, in Mitteleuropa angepflanzt

Essigbaum
Rhus typhina

Blätter

Wegen seines leuchtend roten Herbstlaubes und seiner pyramidenförmigen Fruchtstände, die den Winter überdauern, ist der Essigbaum in den letzten Jahren bei uns einer der häufigsten Ziersträucher geworden. Manchmal trifft man die Pflanze, die viele unterirdische Ausläufer treibt, auch verwildert auf Bauschutthalden. Sie braucht zum Gedeihen nährstoffreichen Boden, der auch trocken und steinig sein darf. Anders als seine hochgiftigen nordamerikanischen Verwandten (z. B. der Gift-Sumach, *Rhus toxicodendron*) ist der Essigbaum nicht wirklich giftig. Er enthält lediglich Gerbstoffe in großer Menge.

Mahonie
Mahonia aquifolium

Die Mahonie ist ein immergrüner Strauch aus Amerika, der durch seine rote Winterfärbung auffällt. An den gelben Blüten der Mahonie kann man ein Phänomen beobachten, das bei allen Berberitzen auftritt: Berührt man ein Staubblatt, das noch am Kronblatt anliegt, schnellt es hoch, klappt nach innen und nähert sich der Narbe des Griffels. Insekten, die diese Bewegung auslösen, werden mit Blütenstaub eingepudert und tragen den Pollen weiter. Die Mahonie ist benannt nach Bernard McMahon (1775–1816), einem nordamerikanischen Gärtner irischer Herkunft. Im Jahr 1823 wurde sie nach Italien gebracht.

Blätter

▶ Strauch
▶ April bis Mai
▶ 0,50 – 1,50 m

▶ **Merkmale**
Blätter ledrig, unpaarig gefiedert, oben glänzend dunkelgrün, unten heller, mit 5 –15 Stachelzähnen auf jeder Seite; Blüten gelb, stehen in dichten Trauben an den Zweigenden; Rinde dunkelbraun, Zweige ohne Dornen; Frucht eine kugelige, schwarze Beere, blau bereift

▶ **Vorkommen**
Zierstrauch, örtlich verwildert

▶ **Verbreitung**
Heimat Nordamerika, in Europa gepflanzt

▶ **Strauch**
▶ **Mai bis Juli**
▶ **1 – 3 m**

▶ **Merkmale**
Blätter unpaarig gefiedert, Fiederblättchen eiförmig, zugespitzt; Blüten hellrosa, einzeln; Rinde braun, alle Zweige mit sichelförmig gekrümmten Stacheln; Früchte (Hagebutten) rot, eiförmig bis kugelig, glatt, 2 cm lang

▶ **Vorkommen**
Laubwälder, Waldränder, Hecken, Gebüsche

▶ **Verbreitung**
besiedelt mit Ausnahme des hohen Nordens ganz Europa, außerdem Nordafrika, Westasien

Hecken-Rose, Hunds-Rose
Rosa canina

In der ersten Juniwoche blühen die Hecken-Rosen. Überall in Hecken und Knicks öffnen sich ihre zartrosa Blüten und locken Insekten an. In Deutschland gibt es rund 23 Wildrosenarten. Die häufigste ist die Hunds-Rose. Der lateinische Artname „canina" (canis = Hund) und der deutsche Name „Hunds-Rose" verdeutlichte früher, daß die Pflanze im Vergleich zu den edlen und intensiv duftenden Zucht-Rosen als „gemein" und häufig anzusehen ist. Die Hunds-Rose spielt aber in der Natur eine wichtige Rolle. Von den Pollen leben Bienen und Hummeln, an den Blättern fressen die Raupen vieler Kleinschmetterlingsarten.

Frucht

Bibernell-Rose, Dünen-Rose
Rosa pimpinellifolia

Im Juni stehen auf den nordfriesischen Inseln die Bibernell-Rosen in voller Blüte. Sie schmücken mit ihren schneeweißen Blüten die Kämme der Braundünen und geben der gesamten Dünenlandschaft einen unvergleich-

Frucht

lichen Duft. Außerhalb der Blütezeit ist die Bibernell-Rose ein wenig auffälliger Strauch mit dünnen, bogigen, sehr dicht bestachelten Zweigen. Diese Rose erfüllt als Bodenfestiger auf den Dünen der Nordseeinseln eine wichtige Aufgabe. Sie entwickelt unterirdische, weit kriechende Ausläufer, aus denen wieder neue Schößlinge treiben. Nur Kultursträucher dieser Pflanze werden übermannshoch.

▶ Strauch
▶ Mai bis Juni
▶ 1–3 m

▶ **Merkmale**
Blätter unpaarig gefiedert, Fiederblättchen eiförmig bis fast kreisrund; Blüten weiß, einzeln; Rinde dunkelbraun, alle Zweige sehr dicht mit geraden Stacheln und Stachelborsten besetzt; reife Hagebutte kugelig, braunschwarz, glatt, fast 1 cm dick

▶ **Vorkommen**
Dünen an der Nordsee, außerdem (selten) trockene Hecken und Gebüsche

▶ **Verbreitung**
besiedelt West-, Mittel- und Südeuropa

- **Strauch**
- **Juni bis August**
- **0,5–3 m**

- **Merkmale**
  Blätter unpaarig gefiedert,
  Fiederblättchen eiförmig,
  dünn; Blüten tief karminrot, einzeln; Rinde rötlichbraun, Zweige meist sta-
  chellos oder mit wenigen
  nadelartigen Stacheln
  besetzt; reife Hagebutte
  hellrot, flaschenförmig, oft
  hängend

- **Vorkommen**
  Bergmischwälder, Zwerg-
  strauchheiden, häufig im
  Bereich der Baumgrenze

- **Verbreitung**
  Gebirge Süd- und Mitteleuropas

Gebirgs-Rose
Rosa pendulina

Keine Rose ohne Dornen! Die Gebirgs-Rose hätte
beinahe die Ausnahme geschafft, sie trägt nur sehr
wenige Stacheln. Die Gebirgs-Rose ist unsere einzige
echte Wildrose, die im Gebirge bis zur Baumgrenze
vorkommt. Die beiden als „Alpenrosen" bezeichne-
ten Rhododendren-Arten sind keine
Rosen, sondern Heidekrautgewächse.
Die Samen der Gebirgs-Rosen werden von Kolkraben, Tannenhähern und Birkhühnern verbreitet. Im süddeutschen
Volksmund wird die
Gebirgs-Rose auch Hel-
fenstude oder Frauen-
Rose genannt. Das deutet
auf ihre Verwendung als
Heilpflanze hin, denn
ihre Früchte sind reich an
Vitaminen und Mineralen.

Blüte und Blätter

Kartoffel-Rose, Runzel-Rose
Rosa rugosa

Die Kartoffel-Rose erkennt man sofort an ihren runzeligen Blättern. Diesen verdankt sie auch ihren Namen. Sie wird in Mitteleuropa häufig in Hecken und wegen ihrer Resistenz gegen Autoabgase auch an Straßenrändern gepflanzt. Die Früchte der Kartoffel-Rose sind deutlich größer als unsere einheimischen

Blüte, Frucht und Blätter

Hagebutten. Sie werden zu Hagebuttenmus (Hägenmark, Hiefenmark) und Wein verarbeitet. Die getrockneten Fruchtschalen ergeben aufgebrüht den aromatischen Hagebutte-Tee. Der Name der Wildrosenfrucht, Hagebutte, weist auf die Verwendung des Strauches als Heckenpflanze hin: Hecke heißt althochdeutsch „hag".

▶ Strauch
▶ Mai bis September
▶ 1–2 m

▶ **Merkmale**
Blätter unpaarig gefiedert, Fiederblättchen oval, groß, derb, runzelig; Blüten purpurrot, einzeln; Rinde braun, Zweige stark mit Stacheln und Stachelborsten besetzt; reife Hagebutte rot, flachkugelig, bis zu 2,5 cm dick

▶ **Vorkommen**
Zierpflanze, halbwild in Wegrandgebüschen, auf Ödland

▶ **Verbreitung**
Heimat Ostasien, in Mitteleuropa viel gepflanzt und oft verwildert

163

▶ **Merkmale**
Blätter fünf- bis siebentei-
lig, oben dunkelgrün,
unten dicht weißhaarig;
Blüten reinweiß, in Bü-
scheln zu drei bis zehn am
Ende der Stengel; Rinde
braun, Stengel mit langen,
meist dunkelroten Sta-
cheln besetzt; rote, samti-
ge Sammelfrüchte (Him-
beeren)

▶ **Vorkommen**
Waldlichtungen, Waldrän-
der, Hecken, Gebüsche,
Schutthalden, bis in
Höhen von 1.800 m

▶ **Verbreitung**
in fast ganz Europa häufig

Himbeere
Rubus idaeus

Fossile Reste von prähistorischen Siedlungen in der
Schweiz beweisen, daß die Himbeere als Wildobst
den Menschen schon viele Jahrhunderte vor Christus
bekannt war. Doch erst im Mittelalter wurde die
Pflanze in Kultur genommen. Heute ist sie in vielen
Sorten im Handel. Himbeeren schmecken ausgezeichnet und sind sehr gesund. Sie enthalten neben
Zucker und Zitronensäure viel Vitamin C und wertvolle Mineralstoffe. Weil sie mild abführend und
harntreibend wirken,
werden sie auch
heute noch in
der Naturmedi-
zin eingesetzt.
Außerdem ver-
bessert man mit
ihrem Aroma pharma-
zeutische Präparate für
Kinder.

Blüten und Blätter

Brombeere
Rubus fruticosus

Den köstlichen Geschmack
von Brombeeren verbindet
wohl jeder mit seiner
Kindheit, auch die Sta-
cheln an Armen und Hän-
den beim Pflücken dieser
Früchte. Brombeerhecken
sind für Tiere ideale Re-
fugien. Sie bieten reich-
lich Nahrung und sichere
Nistplätze. In der Volksmedi-
zin hatten und haben Brombeer-
sträucher eine große Bedeutung. Zur Anwendung
gegen Mandel- und Halsentzündungen, Gicht und
vieles mehr verarbeitete man Blütenknospen, Blätter
(vor der Blütezeit), Früchte und Stengel (im Dunklen
getrocknet). Heute untersuchen Pharmazeuten, ob
Brombeerblätter nicht sogar Wirkstoffe gegen Diabe-
tes enthalten.

Blüten

▶ Strauch
▶ Mai bis August
▶ 0,5 – 2 m

▶ **Merkmale**
Blätter drei- bis sieben-
teilig, oben dunkelgrün,
unten oft graufilzig; Blüten
weiß bis hellrosa, in lockeren, endständigen Grup-
pen angeordnet; Rinde
grün bis rötlich, sehr unterschiedlich bestachelt;
schwarzrote, glänzende
Sammelfrucht aus 20 – 50
kleinen Einzelfrüchtchen

▶ **Vorkommen**
Feld-, Wald- und Wegrän-
der, Lichtungen, Hecken,
Gebüsche

▶ **Verbreitung**
in ganz Europa häufig

- **Strauch**
- **Mai bis Juni**
- **30–80 cm**

- **Merkmale**
  Blätter dreizählig, oben hellgrün, unten graugrün; Blüten weiß, stehen in Büscheln zu 3–15 in den Blattachseln, Blütenstiele dünn, mit feinen Stacheln besetzt; Rinde der Stengel blau bereift, mit kurzen, dünnen Stacheln besetzt; schwarze Sammelfrucht, blau bereift

- **Vorkommen**
  Auwälder, Ufergebüsche; bis in Höhenlagen von 1.000 m

- **Verbreitung**
  zerstreut in fast ganz Europa

Kratzbeere
Rubus caesius

Der Geschmack der Kratz- oder Kroatzbeere wurde als Likör weltweit bekannt. Im Aussehen ähneln die Früchte Brombeeren, sind aber deutlich mit einem Wachsüberzug bläulich bereift. Brombeeren ranken meist an Säumen und Waldrändern. Die Kratzbeere besiedelt vor allem feuchte Zonen und überwuchert die Böden von Auwäldern. Hier bildet sie oft ein undurchdringliches Gestrüpp. Typisch für den Strauch sind seine fast geraden Stacheln. Die weißen Tellerblüten besuchen Fliegen, Bienen und Käfer. Die reifen Früchte sind für uns Menschen wenig schmackhaft. Krähen, Elstern und Dohlen dagegen fressen sie gerne.

Blätter, Blüten und reife Frucht

Vogelbeere, Eberesche
Sorbus aucuparia

Die reifen Früchte der Eberesche locken im August bis
zu 63 Vogelarten an, der
Fruchtzucker gibt ihnen
Energie zum Fliegen. Das ist
auch der Grund, weshalb die
Eberesche im Volksmund
„Vogelbeerbaum" heißt. Leider waren die Früchte des
Baumes lange Zeit auch ein
bekanntes Vogellockmittel.
Bis ins 19. Jahrhundert war
die Jagd auf Singvögel mit
Fallen, in denen Vogelbee-
ren steckten, der Dohnenstieg, ein Volkssport. Das
geht auch aus dem wissenschaftlichen Namen der
Eberesche hervor: Der Begriff „aucuparia" leitet sich
vom lateinischen „aves capere" ab, was soviel wie
„Vögel fangen" bedeutet.

Blätter, Blüten und reife Früchte

▶ Laubbaum
▶ Mai bis Juni
▶ 3–15 m

▶ **Merkmale**
Blätter unpaarig gefiedert,
9–19 Teilblättchen, junge
Blätter riechen zerrieben
nach Marzipan; Blüten in
doldigen Blütenständen,
gelbweiß; Rinde lange
mattgrau und glatt, wird
erst im hohen Alter
schwärzlich und längsris-
sig; erbsengroße rote
Früchte (Vogelbeeren)

▶ **Vorkommen**
lichte Laubwälder, Wald-
ränder, Gebüsche, auch
Zierbaum

▶ **Verbreitung**
wild in fast ganz Europa

- Laubbaum
- Mai
- 15 – 20 m

- **Merkmale**
  Blätter unpaarig gefiedert,
  13 – 21 Teilblättchen; Blüten
  weiß, in kegelförmigen
  Schirmrispen; Rinde dunkelgrau, mit vielen feinen
  Längs- und Querrissen,
  rauh wie an alten Birnbäu-
  men; Frucht birnenförmig
  1,5 – 3 cm lang, gelb, auf
  der Sonnenseite rotwan-
  gig, enthält fünf braune,
  scharfkantige Samen

- **Vorkommen**
  warme, trockene Laub-
  wälder

- **Verbreitung**
  Mittel- und Südeuropa

Speierling
Sorbus domestica

Blüten und Blätter

Ohne Speierling würde der
hessische Äppelwoi nicht
schmecken. Seine
Früchte enthalten
Gerbstoffe, die
Eiweiß aus Obst-
säften ausfällen,
und werden des-
halb als Klärhilfe
beim Pressen von
Apfelmost mitgepreßt. Der Speierling stammt sehr
wahrscheinlich aus Vorderasien und wurde von den
Römern nach Europa gebracht. Heute wächst er wild
in den Mittelmeerländern, aber auch in klimabegün-
stigten Gegenden Mitteleuropas, wie dem Rheintal
oder dem Moseltal. Im Mittelalter war er hier eine
bedeutende Kulturpflanze. Seine Artbezeichung
„domestica" – sie bedeutet heimisch oder zum Haus
gehörend – weist darauf hin.

Gewöhnliche Jungfernrebe
Parthenocissus quinquefolia

In Nordamerika wächst die Gewöhnliche Jungfernrebe als Kletterstrauch an den Rändern sommergrüner Laubwälder, wo er sich mit kurzen Ranken an Bäumen hochwindet. Im Jahr 1622 wurde der Strauch nach Europa eingeführt. Seitdem ist er hier eine beliebte Zierpflanze zur Begrünung von Mauern und Zäunen. Die Ranken der Gewöhnlichen Jungfernrebe haben fünf bis acht Arme, die jeweils in einer Haftscheibe enden. Bei Kontakt mit einer glatten Unterlage scheiden sie einen Stoff aus und kitten die Pflanze damit fest. Die Ranken zu entfernen, ohne ihre Unterlage zu beschädigen, ist kaum möglich. Die blauschwarzen Beeren der Gewöhnlichen Jungfernrebe sind schwach giftig.

▸ Kletterstrauch
▸ Juli bis September
▸ 3–10 m

▸ **Merkmale**
Blätter fünfzählig, handförmig geteilt, im Herbst leuchtend rot; Blüten klein, grün, stehen in Gruppen am Ende der Stengel; Rinde der Stengel gelbbraun, junge Triebe rötlich; Frucht eine erbsengroße, glänzende, blauschwarze Beere

▸ **Vorkommen**
Zierpflanze, am Rand von Auwäldern auch verwildert

▸ **Verbreitung**
Heimat Nordamerika, in Mitteleuropa gepflanzt, örtlich verwildert

Ranke mit Haftscheiben und Blüten

- ▶ Nadelbaum
- ▶ Mai bis Juni
- ▶ 30–50 m

- ▶ **Merkmale**
  Nadeln flach, stumpf,
  oben glänzend dunkel-
  grün, unten mit zwei
  weißen Bändern; männli-
  che Blüten gelbe Kätzchen,
  stehen dicht gedrängt an
  der Unterseite vorjähriger
  Triebe, weibliche Blüten
  hellgrüne Zäpfchen; Rinde
  grauweiß, glatt bis fein-
  schuppig; reife Zapfen
  braun, aufrecht

- ▶ **Vorkommen**
  Bergmischwälder

- ▶ **Verbreitung**
  Gebirge und Mittelgebirge
  Mittel- und Südeuropas

Weiß-Tanne
Abies alba

Die Weiß-Tanne ist ein hoher Baum mit kerzengeradem, walzenförmigem Stamm und einer Krone, die
zunächst kegelförmig ausgebildet ist, im Alter aber
oft „storchennestartig" abgeplattet aussieht. Seinen
Namen verdankt der Baum der weißgrauen Färbung
seiner Rinde und seines Holzes. Die Weiß-Tanne
gehört zu unseren anspruchs-
vollsten Waldbäumen,
braucht Standorte mit lockeren, nährstoffreichen Böden
und hoher Luftfeuchtigkeit.
Sie ist hochempfindlich
gegen Luftschadstoffe und
sauren Regen, verträgt
weder Dürre noch stren-
gen Frost und wird oft von
Schädlingen wie Borken-
käfern und Läusen
heimgesucht.

Zweig mit Zapfen und Zapfenspindel

Nordmanns-Tanne
Abies nordmanniana

Im Kaukasus bildet die
Nordmanns-Tanne
undurchdringliche Wäl-
der. In Mitteleuropa ist
sie wegen ihrer dichten
Zweige und den schönen
Nadeln ein beliebter Weihnachtsbaum, außerdem ein
gefragter Zierbaum. Ihr
Anbau ist aber nicht unpro-
blematisch, die Nordmanns-
Tanne verträgt strenge Winter
schlecht. Außerdem ist sie durch Wildverbiß und
Tannentriebläuse gefährdet. Diese kleinen, dunkelbraun gefärbten Läuse befallen Tannen an mehreren
Stellen: Altläuse schädigen vor allem Stamm und
Äste, Jungläuse die Maitriebnadeln. Der Baum
wurde nach seinem Entdecker, dem finnischen Botaniker A. Nordmann benannt.

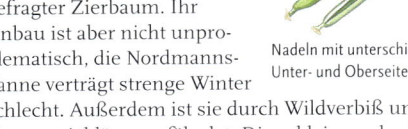

Nadeln mit unterschiedlicher
Unter- und Oberseite

▶ **Nadelbaum**

▶ **April bis Mai**

▶ **30–50 m**

▶ **Merkmale**
Nadeln stumpf, dunkel-
grün, glänzen wie lackiert;
männliche Blüten 1 cm
groß, rot, kugelig, weib-
liche 3 cm lang, hellgrün,
aufrecht; Rinde graubraun,
im Alter rechteckig-plattig;
reife Zapfen grünbraun,
aufrecht

▶ **Vorkommen**
Zierbaum in Parks und
Gärten, forstlich angebaut
als Christbaum

▶ **Verbreitung**
Heimat Kaukasus, Gebirge
Kleinasiens; in Mittel-
europa oft angepflanzt

▶ Nadelbaum
▶ April bis Mai
▶ 20 – 40 m

▶ **Merkmale**
Nadeln 4 – 8 cm lang,
stehen unregelmäßig, sind
auf beiden Seiten matt-
grün, riechen beim Zerreiben nach Zitrone; männli-
che Blüten gelb, rundlich,
weibliche Blüten gelbgrüne
Zäpfchen; Rinde hellgrau,
rauh; reife Zapfen 7 – 12 cm
lang, zylindrisch

▶ **Vorkommen**
Zierbaum in Parks und
Gärten, aber auch Forst-
baum

▶ **Verbreitung**
Heimat Nordamerika, in
Europa vielfach gepflanzt

Silber-Tanne
Abies concolor

Auffällig lange Nadeln, die oft säbelförmig nach oben
gebogen sind, machen die Silber-Tanne unverwechselbar. Dieser Waldbaum des westlichen Nordamerika besiedelt gerne felsige Standorte in Nordlage. Er
kommt in den Rocky Mountains bis in Höhenlagen
von 3.000 m vor, denn lange Winter mit reichlich
Schneefall beeinträchtigen sein Gedeihen nicht. In
Mittel- und Westeuropa hat
sich die Silber-Tanne als
frostharter Zierbaum
durchgesetzt, der
Stadtklima und abgas-
belastete Luft gut ver-
trägt. Sie erreicht ein
Alter von etwa 300
Jahren. Wirtschaftlich
wird sie bei uns in gerin-
gem Umfang als Papier-
holz genutzt.

Nadeln

172

Pazifische-Edeltanne
Abies procera

Riesige Zapfen sind das eindrucksvolle Erkennungsmerkmal dieser
wohl größten und schönsten
Tanne der Welt. Sie stammt aus
dem Westen der Vereinigten
Staaten und wächst dort vergesellschaftet mit Douglasie, Pur-
pur-Tanne und Westamerikani-
scher Hemlockstanne. In Mitteleuropa wird die Pazifische-
Edeltanne wegen ihrer blau-
grünen Nadeln und den
schönen großen Zapfen in
vielen großen Parks ange-
pflanzt. Sie braucht zum
Gedeihen frische, feuchte Standorte, wird aber bei
uns auch unter günstigen Bedingungen selten höher
als 20 – 30 m. In ihrer amerikanischen Heimat
erreicht sie dagegen Wuchshöhen bis zu 80 m.

Zapfen

▶ Nadelbaum

▶ Mai

▶ 20 – 80 m

▶ **Merkmale**
Nadeln blaugrün, nach
oben gekrümmt, stehen
sehr dicht; männliche
Blüten kugelig, rot, zahlreich auf den Zweigunter-
seiten, weibliche Blüten
aufrecht hellgrün, einzeln;
Rinde zunächst hellgrau,
glatt, im Alter braun,
tiefrissig; reife Zapfen bis
zu 25 cm lang

▶ **Vorkommen**
Zierbaum, kein gezielter
forstlicher Anbau

▶ **Verbreitung**
Heimat Nordamerika, in
Europa gepflanzt

173

- Nadelbaum
- April bis Mai
- 40–100 m

▶ **Merkmale**
Nadeln dünn und weich, liegen waagrecht in einer Ebene, duften beim Zerreiben nach Mandarinen; männliche Blüten gelb, klein, kugelig, weibliche Blüten hellgrüne Zäpfchen; Rinde tiefbraun, rissig; reife Zapfen dunkelbraun, walzenförmig, aufrecht

▶ **Vorkommen**
Zierbaum in Mittel- und Nordeuropa, auch forstlich kultiviert

▶ **Verbreitung**
Heimat Gebirgswälder Nordamerikas

Riesen-Tanne
Abies grandis

Um 1830 entdeckte der schottische Botaniker David Douglas an der Mündung des Columbia-River einen der höchsten Nadelbäume der Welt, die Riesen-Tanne. Einige Jahre später führte er diesen beeindruckenden Baum in Europa ein. Heute wird die Riesen-Tanne bei uns vergesellschaftet mit Buche, Fichte und Douglasie angebaut und ist eine der forstlich wichtigsten fremden Holzarten. Sie ist winterhart, stellt wenig Ansprüche an ihren Standort und wächst außerordentlich schnell. Ein Nachteil: Sie wird hier nur 40 m hoch. In ihrer amerikanischen Heimat erreicht die Riesen-Tanne dagegen Wuchshöhen von 90–100 m.

Zweig mit Zapfen

Kanadische Hemlocktanne
Tsuga canadensis

Manchmal sieht man in
unseren Parks zwischen
anderen Nadelbäumen
eine Tanne mit aufge-
lockerter Krone und
zimtbraunem Stamm.
Ihre Zapfen sind sehr
klein, bestehen nur aus
wenigen, fast kreisrunden
Schuppen, ihre Nadeln sind
flach und in zwei Reihen
angeordnet. Betrachtet man

Zweig mit Nadeln und Zapfen

sie mit der Lupe, erkennt man, daß ihr Rand fein
gesägt ist. Dieser Baum ist eine Hemlocktanne aus
dem östlichen Nordamerika. Sie wächst in ihrer Heimat an schattigen, feuchten Stellen von der Ebene
bis in Höhenlagen von 1.700 m. Bei uns wird sie
auch Schierlingstanne genannt. Aus ihrem weichen
Holz wird Papier hergestellt.

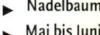

▶ Nadelbaum
▶ Mai bis Juni
▶ 25–30 m

▶ **Merkmale**
Nadeln oben tiefgrün,
glänzend, unten mit zwei
blauweißen Bändern;
männliche Blüten gelb,
kugelig, 3 mm groß, weibliche blaßgrün, oval, etwas
größer; Rinde rotbraun,
tief gefurcht; reife Zapfen
eiförmig, kurz gestielt,
1–1,5 cm lang, Schuppen
fast rund

▶ **Vorkommen**
Parkbaum, auch forstlich
angebaut

▶ **Verbreitung**
Heimat Nordamerika, seit
1730 in Europa angepflanzt

- ▶ Nadelbaum
- ▶ April bis Mai
- ▶ 30–60 m

- ▶ **Merkmale**
  Nadeln oben glänzend
  dunkelgrün und stark
  gefurcht, unten mit zwei
  weißen Bändern; männli-
  che und weibliche Blüten
  rötlich, beide etwa 3 mm
  groß; Borke rotbraun, tief
  gefurcht, bis 3 cm dick;
  reife Zapfen eiförmig,
  sitzend, 20–25 mm lang,
  Schuppen eiförmig

- ▶ **Vorkommen**
  Parkbaum, auch forstlich
  angebaut

- ▶ **Verbreitung**
  Heimat westliches Nord-
  amerika, in Europa seit
  1851

Westliche Hemlocktanne
Tsuga heterophylla

Namengebend für den
schnell wachsenden
Baum sind seine unter-
schiedlich langen Na-
deln (heterophylla = ver-
schiedenblättrig). Sie sind
in zwei Zeilen angeordnet
und liegen in jeder Zeile in
zwei Reihen übereinander.
In der oberen Reihe sind sie
5–10 mm lang, in der unteren bis 18–20 mm. Die West-

Nadel mit
unterschiedlicher Blattober-
und -unterseite

liche Hemlocktanne kommt ursprünglich an der
Westseite Amerikas von Alaska bis Kalifornien vor.
Sie bildet dort in schattigen, feuchten Gebirgswäl-
dern große Reinbestände. Der Baum wird deutlich
größer als die Kanadische Hemlocktanne, erreicht in
Europa Wuchshöhen bis 40 m, in ihrer Heimat sogar
bis zu 60 m.

Gewöhnliche Fichte
Picea abies

Die Gewöhnliche Fichte ist ursprünglich ein Baum der Berge. Sie wächst natürlich nur über 800 m Höhe und bildet dort große Wälder. Einer dieser Fichten-Urwälder, vielleicht der schönste Mitteleuropas, liegt in Österreichs Nationalpark Hohe Tauern. Seit dem 18. Jahrhundert wird die Gewöhnliche Fichte bei uns auch außerhalb ihres natürlichen Verbreitungsgebietes forstlich angebaut. Heute ist sie unser wichtigster Waldbaum überhaupt, der „Brotbaum" der Holzwirtschaft. Fichtenholz läßt sich gut bearbeiten, wird als Bauholz, in der Möbelindustrie und zur Herstellung von Streichinstrumenten genutzt.

Zapfen

- Nadelbaum
- Mai bis Juni
- 30 – 50 m

- **Merkmale**
  Nadeln steif, spitz; männliche Blüten erst rot, später gelb, weibliche Blüten aufrechte rote Zapfen, die sich nach der Befruchtung abwärts neigen, nur im oberen Teil der Krone; Rinde rotbraun, blättert in kleinen runden Schuppen ab; reife Zapfen braun, hängend

- **Vorkommen**
  Mittelgebirgs- und Gebirgslagen bis 2.000 m Höhe

- **Verbreitung**
  Skandinavien bis Balkan

- ▶ Nadelbaum
- ▶ Mai
- ▶ 20–30 m

▶ **Merkmale**
Nadeln biegsam, nicht stechend; männliche Blüten 1 cm groß, rot, weibliche Blüten etwas größer; Rinde dunkelbraun, löst sich in Schuppen ab; Zapfen vor der Reife violett, im Reifezustand dunkelbraun, harzig, hängend

▶ **Vorkommen**
in Jugoslawiens Bergwäldern bis in Höhenlagen von 1.800 m, in Deutschland oft gepflanztes Ziergehölz

▶ **Verbreitung**
Heimat Jugoslawien

Serbische Fichte
Picea omorica

Der ideale Nadelbaum für Großstädte und Ballungsgebiete ist eine Fichte mit schmalem, kerzengeradem, fast säulenähnlichem Wuchs: die Serbische Fichte. Dieser Baum gilt als ausgesprochen widerstandsfähig gegen Luftschadstoffe und sauren Regen. Seine große Unempfindlichkeit liegt wahrscheinlich in der Wachsbeschichtung der Nadeln: Je dicker die Wachsschicht, um so weniger können Schadstoffe in die Nadeln eindringen und Störungen verursachen. Diese Fichtenart ist erstaunlich wenig anfällig gegen Insektenfraß. Sie wurde erst um 1890 in einem unzugänglichen Gebiet in der Nähe von Sarajewo entdeckt.

Zapfen

Stech-Fichte
Picea pungens

Als Blau-Fichte und beliebten Gartenbaum kennt diese Fichte jeder. Es ist jedoch eine gezüchtete Varietät der Stech-Fichte. Diese wird in den USA der „Stolz der Rocky Mountains" genannt. Ihre Heimat sind die Felsengebirge Nordamerikas. Man trifft sie dort in Höhenlagen von 2.000 – 2.800 m an. Der Baum kann über 400 Jahre alt werden. Er hat keine Ansprüche an seinen Standort, verträgt kalte Winter und trockenheiße Sommer gut, wächst aber nur langsam. Seit einigen Jahrzehnten wird die Stech-Fichte in Europa als Weihnachtsbaum forstlich angebaut, außerdem als Zierbaum in Gärten und auf Friedhöfen gepflanzt.

Zweig mit Nadeln

▶ **Nadelbaum**
▶ **Mai bis Juni**
▶ **20 – 30 m**

▶ **Merkmale**
Nadeln steif, spitz, aufwärts gekrümmt, hinterlassen nach dem Abfallen am Zweig ein kleines, stielartiges Polster; männliche Blüten rot, 2 cm lang, weibliche Blüten grün, 4 cm lang; Rinde rotbraun, grob geschuppt; reife Zapfen bis 10 cm lang, hellbraun

▶ **Vorkommen**
Zierbaum, auch forstlich angebaut

▶ **Verbreitung**
Heimat Nordamerika, in Europa eingebürgert

179

- ▶ Nadelbaum
- ▶ Mai
- ▶ 15–30 m

▶ **Merkmale**
Nadeln sehr kurz, abge-
rundet, glänzend dunkel-
grün; männliche Blüten
1 cm lang, rot, weibliche
Blüten bis 2,5 cm lang, rot
bis grün-violett; Rinde
rotbraun, schuppig;
Zapfen 5–9 cm lang,
schmal, bei Reife glänzend
braun, hängend

▶ **Vorkommen**
ursprünglich Waldbaum
der Gebirge, in Mittel-
europa Zierbaum

▶ **Verbreitung**
Heimat Kaukasus, Klein-
asien; in Mitteleuropa
eingebürgert

Kaukasus-Fichte
Picea orientalis

Die Fichte mit den kür-
zesten Nadeln – das ist
die Kaukasus-Fichte, ein
langsam wachsender
Waldbaum in den Gebir-
gen Kleinasiens und im
Kaukasus. Ihre Nadeln werden nur 5–10 mm lang, die
Nadeln anderer Fichten dagegen
etwa 2 cm. Die Kaukasus-Fichte
hat dasselbe natürliche Verbreitungsgebiet wie die Nordmanns-
Tanne. In höheren Lagen bildet
sie reine Bestände, in tieferen Lagen
wächst sie vergesellschaftet mit Föhre und
Orient-Buche. In Mitteleuropa ist die Kaukasus-Fichte ein beliebter Parkbaum, braucht aber
nährstoffreichen Boden und ist nur mäßig industrie-
fest. Forstlich ist sie ohne Bedeutung.

Nadeln

Sitka-Fichte
Picea sitchensis

Die Sitka-Fichte ist die schnellwüchsigste und höchste aller Fichtenarten. Sie ist nach der Stadt Sitka in Alaska benannt und besiedelt von Südwestalaska bis nach Nordkalifornien einen etwa 80 km breiten Küstenstreifen. Dort bildet sie allein oder zusammen mit Douglasie, Hemlocktanne, Riesen-Lebensbaum und Riesen-Tanne die produktionsstärksten Wälder Nordamerikas. Im Jahr 1792 wurde sie von dem schottischen Botaniker D. Douglas nach Europa gebracht. Da sie auf fast allen Böden wächst und auch gutes Holz liefert, wird sie heute in vielen Teilen Europas mit großem Erfolg forstlich angebaut.

Nadeln

- Nadelbaum
- Mai
- 40–60 (80) m

- **Merkmale**
  Nadeln dünn, steif, scharf zugespitzt; männliche Blüten rot, bis 2 cm lang, weibliche Blüten hellgrün, bis 3 cm lang; Rinde dünn, blättert in rotbraunen Schuppen ab; reife Zapfen gelbbraun

- **Vorkommen**
  Standorte mit feuchtem Klima, nährstoffarmen, feuchten Böden

- **Verbreitung**
  Heimat Westküste Nordamerikas, in Europa stellenweise forstlich angebaut, oft auch Zierbaum

181

- ▶ Nadelbaum
- ▶ Mai bis Juni
- ▶ 20–60 (100) m

▶ **Merkmale**
Nadeln weich und bieg-
sam, duften beim Zerrei-
ben nach Orange; männli-
che Blüten gelb, weibliche
Blüten rötlich-grün; Rinde
junger Bäume glatt, grau,
mit zahlreichen Harzbla-
sen, wird im Alter zu dunkler, tiefrissiger Borke; reife
Zapfen zimtbraun, hän-
gend, mit dreispitzigen
Deckschuppen

▶ **Vorkommen**
in Mittel-Europa Forst-
baum, Zierbaum

▶ **Verbreitung**
Heimat westliches Nord-
amerika

Douglasie
Pseudotsuga menziesii

Douglasien spielen in unserer Forstwirtschaft eine
immer größere Rolle. Wegen ihres schnellen Wachstums und ihrer guten Holzeigenschaften sind sie
eine unserer wichtigsten fremden Baumarten. Sie
werden an Standorten kultiviert, die für die Fichte zu
trocken und für die Kiefer zu naß sind. In Nordamerika werden Douglasien mehrere hundert Jahre alt
und mehr als 100 m hoch. Die größte
Douglasie der USA erreichte
sogar 133 m. Die höchsten
Douglasien Deutschlands
wirken mit ihren knapp
60 Metern Wuchs-
höhe dagegen
klein. Douglasien-
holz wird im
internationalen
Handel als „Oregon-
Pine" angeboten.

Zweig mit Nadeln und Zapfen

Küsten-Sequoie
Sequoia sempervirens

Einer der eindrucks-
vollsten Bäume der
Nordhalbkugel ist die
Küsten-Sequoie. Die
größten Vertreter die-
ser Art wachsen im
Nebelgürtel der kalifor-
nischen Pazifikküste
bis zu 120 m hoch und
werden 2.000 Jahre
alt. In Amerika steht

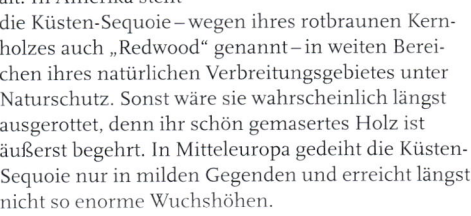

Nadeln

die Küsten-Sequoie – wegen ihres rotbraunen Kern-
holzes auch „Redwood" genannt – in weiten Bereichen ihres natürlichen Verbreitungsgebietes unter
Naturschutz. Sonst wäre sie wahrscheinlich längst
ausgerottet, denn ihr schön gemasertes Holz ist
äußerst begehrt. In Mitteleuropa gedeiht die Küsten-
Sequoie nur in milden Gegenden und erreicht längst
nicht so enorme Wuchshöhen.

▶ **Nadelbaum**
▶ **Februar bis März**
▶ **60 – 100 m**

▶ **Merkmale**
Nadeln bis 2 cm lang,
glatt; männliche Blüten
gelbbraun, endständig,
weibliche Blüten grün;
Borke weich, rissig, rot-
braun, löst sich in feinen
Fasern ab; reife Zapfen
braun, Zapfenschuppen
runzelig, verholzt

▶ **Vorkommen**
Zier- und Parkbaum und
in wintermilden Klima-
gebieten

▶ **Verbreitung**
Heimat westliches Nord-
amerika, in Mitteleuropa
seit dem vorigen Jahrhun-
dert gepflanzt

- Nadelbaum
- Mai
- 30–35 m

- **Merkmale**
  Nadeln hellgrün, weich,
  sitzen zweireihig an gegenständigen Zweigen; männ-
  licher Blütenstand kleine
  gelbe Traube, weiblicher
  kleiner Zapfen, 0,5 cm
  lang; Rinde rotbraun, rissig, löst sich in Längsstreifen ab, Stamm unter je-
  dem Ast tief eingedellt;
  Zapfen grün, kugelig, bis
  3 cm groß, lang gestielt

- **Vorkommen**
  Zierbaum

- **Verbreitung**
  Heimat: China, in Mitteleuropa gepflanzt

Urwelt-Mammutbaum
Metasequoia glyptostroboides

Im Jahr 1941 machten Botaniker der Universität
Nanking in einer schwer zugänglichen Gegend
Chinas einen ungewöhnlichen Fund: Sie entdeckten
einen Nadelbaum, der bisher nur als Fossil bekannt
war, den Urwelt-Mammutbaum. Dieser Baum
wächst in großen Beständen in Höhenlagen von
700–1.500 m in Schluchten, an Bächen und Reisfel-
dern und wirft wie die Lärche
jedes Jahr im Herbst seine
Nadeln ab. Wohl deshalb wird
er von den Einheimischen „shui-
hsa", Wasserlärche, genannt. Nach
dem Krieg erhielten botanische
Gärten in Amerika und Europa
Samen des Baumes und konnten dieses lebende Fossil
nachzüchten.

Zapfen

Sumpfzypresse
Taxodium distichum

In ihrer Heimat wächst die Sumpfzypresse an Flußufern und in Sümpfen, in
europäischen Parks trifft
man sie entlang von Was-
serläufen. Bäume, die ein
Leben lang in morastigen
Böden stehen, haben oft
Probleme, ihre Wurzeln
ausreichend mit Sauer-
stoff zu versorgen. Aus
diesem Grund entwickeln Sumpfzypressen mit
zunehmendem Alter eine besondere Einrichtung:
Die „Atemknie" oder „Wurzelknie". Das sind
stubbenförmige Auswüchse, die unter der Erde ange-
legt werden, irgendwann die Oberfläche durchbre-
chen, dann als Luftwurzeln aus dem Boden herausragen und den tieferen Wurzelteilen Sauerstoff
zuführen.

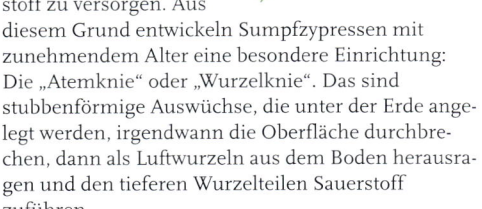

Zapfen

▶ Nadelbaum
▶ April bis Mai
▶ 30–50 m

▶ **Merkmale**
Nadeln dünn, hellgrün, im
Herbst rotbraun, wechsel-
ständig; männliche Blüten
an den Enden der Lang-
triebe, weibliche Blüten in
unterschiedlichen Berei-
chen der Langtriebe; Rinde
rotbraun, löst sich in
Längsstreifen ab; Zapfen
fast kugelig, 2–3 cm dick

▶ **Vorkommen**
häufig gepflanzter Park-
baum

▶ **Verbreitung**
Heimat südöstliche Staa-
ten von Nordamerika, in
Mitteleuropa seit 1640

185

- **Nadelbaum**
- **März bis April**
- **6–18 m**

- **Merkmale**
  Nadeln bis 3 cm lang, oben glänzend dunkelgrün, unten heller; Blüten zweihäusig, männliche Blüten an der Unterseite einjähriger Zweige, gelb, weibliche Blüten grün, winzig; Rinde rötlichbraun, blättert in dünnen Schuppen ab; Frucht fleischige, rote Scheinbeere

- **Vorkommen**
  Zierbaum; wild nur noch in Mittelgebirgen und Schluchtwäldern der Alpen

- **Verbreitung**
  Europa

Eibe
Taxus baccata

Die Eibe ist der einzige in Mitteleuropa heimische Nadelbaum, der keine Zapfen trägt. Ihre Samen sind zur Reifezeit von einem saftigen, leuchtend roten Samenmantel umgeben. Diese Besonderheit ging auch in ihren wissenschaftlichen Artnamen ein. Linné nannte sie „baccata", beerentragend. Mit Ausnahme des roten Samenmantels sind alle Pflanzenteile der Eibe für den Menschen und für viele Tiere giftig. Sie enthalten das Alkaloid Taxin. Die tödliche Dosis für ein Pferd liegt bei 500 g Nadelmasse. Rehen, Hasen und Wildschweinen schadet Taxin nicht. Die älteste Eibe Deutschlands ist über 2.000 Jahre alt.

Zweig mit Nadeln und Samen

Chilenische Araukarie
Araucaria araucana

Die charakteristischen Zweige der Chilenischen Araukarie sehen aus wie lange schuppige Schlangen, weil ihre Nadeln sehr dicht aneinander sitzen. Der Baum wächst natürlich an den Andenhängen Chiles und Argentiniens. Er bildet dort entweder allein oder zusammen mit der Südbuche *Nothofagus* die urzeitlich aussehenden Araukarienwälder Südamerikas. Die Andentanne, wie der Baum auch noch genannt wird, tritt erdgeschichtlich sehr früh auf und kann damit als lebendes Fossil gelten. Ihre riesigen Zapfen sind für die Südamerikaner eine Art Brotfrucht. Sie enthalten eßbare, nach Mandeln schmeckende Samen, die vielerorts als Pinõnes zu kaufen sind.

Nadeln

▶ Nadelbaum
▶ Juni bis Juli
▶ 10 – 50 m

▶ **Merkmale**
Nadeln spiralig um die Äste angeordnet, breit, starr und spitz; männliche Blüten zapfenartig, in Büscheln, weibliche Blüten zapfenartig, einzeln; Rinde grau, runzelig, mit vielen ringförmigen Zweigabsprungnarben; reife Zapfen groß, fast rund, bis zu 17 cm dick

▶ **Vorkommen**
Zierbaum in milden Gegenden

▶ **Verbreitung**
Heimat Südamerika, um 1850 nach Europa eingeführt

187

- ▶ Nadelbaum
- ▶ September bis Oktober
- ▶ 25 – 50 m

- ▶ **Merkmale**
  Nadeln blaugrün, stehen
  in Büscheln zu 30 – 40;
  männliche Blüten gelb-
  braun, zapfenartig, weibliche Blüten klein, grün,
  kugelig; Rinde graubraun,
  gefurcht und in Platten
  zerrissen; reife Zapfen
  hellbraun, bis 7 cm lang,
  an der Spitze eingedellt

- ▶ **Vorkommen**
  in vielen Ländern Europas
  häufig gepflanzter Parkbaum

- ▶ **Verbreitung**
  Heimat Nordafrika, Atlas-
  gebirge

Atlas-Zeder
Cedrus atlantica

Steht man in unseren Parks vor einem mächtigen
Baum mit silbern schimmernden Nadeln, ist das
eine Atlas-Zeder der häufigen Varietät *Cedrus atlantica glauca*. Diese Bäume gedeihen auf lockeren, kalkhaltigen und sommerwarmen Böden besonders gut.
Sie können bis zu 900 Jahre alt werden. Ihre Blütezeit ist bemerkenswert: Im Unterschied zu allen
anderen Nadelhölzern blühen Zedern im Herbst.

Zedernholz ist
wegen seiner Halt-
barkeit, seiner
schönen Farbe und
seines würzigen
Geruchs seit alters-
her begehrt und
wertvoll. Schon die antiken
Völker nutzten es. Sie bauten
daraus Tempel, Schiffe und
Sarkophage.

Nadeln

Zirbel-Kiefer

Pinus cembra

Die „Königin der Alpen" nennt man die Zirbel-Kiefer oder Arve. Sie bildet zusammen mit Lärche, Latsche und Fichte im Hochgebirge die Wald-grenze. Dieser Baum gehört zur Gruppe der fünfnadeli-gen Kiefern, wächst sehr lang-sam und wird bis zu 1.000 Jahre alt. Das Holz der Zirbel-Kiefer ist eines der begehrtesten alpinen Hölzer überhaupt. Es ist leicht, duf-tet lange aromatisch und läßt sich gut verarbeiten. Viele berühmte Krip-pen und Herrgottsfiguren Südtirols, aber auch Möbel, Puppen und Spielzeug sind aus Zirbelholz geschnitzt. Selbst die „Gute Stube" des Tiroler Bauernhauses ist oft damit getäfelt.

Zweig mit Nadeln und Zapfen

▶ Nadelbaum
▶ Juni bis Juli
▶ 15–20 m

▶ **Merkmale**
Nadeln dunkelgrün, steif und gerade, stehen zu fünft in einem Bündel; männliche Blüten gelb, weibliche Blüten blau-violett; Rinde zunächst silbergrau, glatt, wird später rauh und schuppig; Zapfenreife erst im dritten Jahr, reife Zapfen zimt-braun, Samenfreigabe erst bei Verrottung

▶ **Vorkommen**
Gebirgsbaum bis hinauf zur Waldgrenze

▶ **Verbreitung**
Alpen und Karpaten

- ▶ **Nadelbaum**
- ▶ **Mai bis Juni**
- ▶ **20–40 m**

- ▶ **Merkmale**
  Nadeln blaugrün, auffallend dünn und weich, stehen in Bündeln zu fünf; männliche Blüten blaßgelb, weibliche Blüten rotbraun; Rinde grau, mit kräftigen Furchen; reife Zapfen braun, sehr schmal, hängend, fallen nach der Samenreife als Ganzes ab

- ▶ **Vorkommen**
  Forstbaum, Zierbaum

- ▶ **Verbreitung**
  Heimat östliches Nordamerika, im 18. Jahrhundert nach Europa gebracht

Weymouth-Kiefer
Pinus strobus

Im Jahr 1705 brachte Lord Weymouth eine amerikanische Kiefer nach England, die später unter dem Namen Weymouth-Kiefer in ganz Europa verbreitet wurde. Unverwechselbar ist das duftende Harz, das dieser Baum reichlich produziert. Es tritt am ganzen Stamm aus und klebt sehr fest an den Händen.

Wegen des guten Holzertrages und wegen ihrer Unempfindlichkeit gegen Hitze und Kälte war die Weymouth-Kiefer in Mitteleuropa lange Zeit als Forstgehölz geschätzt und verbreitet. Aber seit vor gut 100 Jahren der Strobenblasenrost (Pilz) aus Amerika eingeschleppt wurde, verlor sie als Forstbaum an Bedeutung.

Zweig mit Nadeln und Zapfen

190

Wald-Kiefer
Pinus sylvestris

Die Wald-Kiefer ist der Charakterbaum der Mark Brandenburg und Mittelfrankens. Nach der letzten Eiszeit, vor etwa 10.000 Jahren, bedeckte sie zusammen mit der Birke riesige Landstriche. Diese beiden Arten können sich mit ihren leichtgewichtigen Samen ohne Mühe über große Flächen ausbreiten und spielen als anspruchslose Bäume auch heute noch eine

♂

♀

Zweig mit Nadeln, weiblichen und männlichen Blüten und Zapfen

Rolle als Pionierpflanzen. Ihre heutige weite Verbreitung ist aber nicht natürlich. Weil die Wald-Kiefer auch auf Böden mit schlechtem Wasser- und Nährstoffangebot konkurrenzlos gedeiht, wurde sie in unserer Landschaft in großem Stil aufgeforstet.

▶ Nadelbaum
▶ Mai
▶ 30–50 m

▶ **Merkmale**
Nadeln blaugrün, oft gedreht, paarweise; männliche Blüten gelb, weibliche Blüten rot; Rinde rostrot, rissig; reife Zapfen dunkelbraun, 4–6 cm lang

▶ **Vorkommen**
natürlich auf Sandböden, Felsschutthängen der Mittelgebirge, in Mooren; als Forstbaum nahezu überall kultiviert

▶ **Verbreitung**
ganz Europa, hat von allen europäischen Kiefernarten die weiteste Verbreitung

- ▶ Nadelbaum
- ▶ Juni
- ▶ 20–35 m

- ▶ **Merkmale**
  Nadeln auffallend dunkelgrün, steif, zugespitzt,
  stehen paarweise in einer
  gemeinsamen Scheide;
  männliche Blüten gelb,
  weibliche Blüten rot; Rinde
  schwarzgrau (Name),
  rissig; reife Zapfen dunkelbraun, 4–10 cm lang,
  stehen waagrecht von den
  Zweigen ab

- ▶ **Vorkommen**
  in Mitteleuropa vielfach
  forstlich oder als Zierbaum
  genutzt

- ▶ **Verbreitung**
  Heimat rund um das
  Mittelmeer

Schwarz-Kiefer
Pinus nigra

Die Schwarz-Kiefer ist eine sehr formenreiche Art
und wird in mehrere geographische Unterarten
gegliedert. Man unterscheidet die Österreichische
Form, die Korsische, die Pyrenäen- und die Krim-
Schwarz-Kiefer. In Mitteleuropa wird vor allem die
Korsische Schwarz-Kiefer
forstlich angebaut. Der
Baum wächst schnell, ist
frosthart und sturmfest.
Mit seinen flachen, weitver-
zweigten Wurzeln kann er
selbst Wanderdünen auf den
nordfriesischen Inseln fest-
legen. Diese Kiefer verträgt
sogar salzigen Seewind.
Schwarz-Kiefern erreichen ein
Alter von etwa 500 Jahren. Ihr
Holz ist harzreich und schwierig zu bearbeiten.

Zweig mit
Nadeln und
Zapfen

192

Berg-Kiefer
Pinus mugo

Die immergrüne Berg-
Kiefer sieht je nach
Standort unterschiedlich
aus und trägt auch ver-
schiedene Namen: In den
West-Alpen wächst sie als
schlanker, bis zu 10 m
hoher, aufrechter Baum mit
kegelförmiger Krone und
wird Spirke genannt. In den
Ost-Alpen heißt sie Latsche oder
Legföhre und bleibt ein niedriger,
kriechender Strauch. Die Berg-Kie-
fer ist der wichtigste Schutzbaum der Alpen gegen
Lawinen und Bodenerosion. Ihre Äste sind ausgesprochen elastisch, können deshalb auch über längere Zeit große Schneemassen ertragen. Ihre Wurzeln sind reichverzweigt und halten lockeres
Erdreich und Geröll sicher fest.

Zweig mit Nadeln und
weiblichem Blütenstand

▶ Strauch oder Baum
▶ Mai bis Juni
▶ 1–4 m

▶ **Merkmale**
Nadeln steif, oft sichelförmig gekrümmt, stehen zu
zweit in einer gemeinsa-
men Scheide; männliche
Blüten gelb, weibliche
Blüten purpurrot; Rinde
graubraun, reißt in kleine
unregelmäßige Felder auf;
reife Zapfen glänzend hellbraun, fast sitzend

▶ **Vorkommen**
auf nährstoffarmen, felsi-
gen oder steinigen Böden
der Gebirge und in Berg-
mooren

▶ **Verbreitung**
Mittel- und Südeuropa

193

- ▶ Nadelbaum
- ▶ Mai
- ▶ 25–35 m

▶ **Merkmale**
Nadeln stets paarweise in einer Scheide, stark gedreht; männliche Blüten gelb, weibliche Blüten rot; Rinde dick, tief gefurcht (Küstenform) oder sehr dünn, fein schuppig (Gebirgsformen); Zapfen 3–5 cm lang, eiförmig

▶ **Vorkommen**
in Europa seit Anfang des Jahrhunderts forstlich angebaut

▶ **Verbreitung**
in drei Varietäten (eine Küstenform, zwei Gebirgsformen) heimisch in Nordamerika

Dreh-Kiefer
Pinus contorta

Die Dreh-Kiefer zeigt eindrucksvolle Anpassungen an Waldbrände, die in Amerika als Naturereignisse häufig auftreten. Ihre reifen Zapfen bleiben bis zu zehn Jahre geschlossen am Baum hängen. Sie öffnen sich erst bei sehr hohen Temperaturen, wie sie beispielsweise in heißen Sommern oder bei Waldbränden entstehen. In der Hitze schmilzt das Harz, das die Zapfenschuppen verklebt. Auch die Samen selbst können sehr starke Hitze ohne großen Schaden ertragen. Ihre Keimfähigkeit bleibt fast unvermindert erhalten, eine Eigenschaft, die für das Nachwachsen der Wälder nach Bränden von großer Bedeutung ist.

Nadeln

Grannen-Kiefer
Pinus aristata

In den White Mountains in Kalifornien bildet die Grannen-Kiefer mit kleinen Beständen die Baumgrenze. Von dieser Kiefernart wurden im Jahr 1954 einige Exemplare entdeckt, die ein Lebensalter von 4.700 Jahren haben. Damit sind sie mehr als 1.000 Jahre älter als die Mammutbäume, die bis zu diesem Zeitpunkt als die ältesten, noch lebenden Bäume der Erde galten. Allerdings sehen die Grannen-Kiefern längst nicht so imposant aus wie Mammutbäume. Sie sind nur etwa 10 m hoch und meist in weiten Bereichen ihres Stammes abgestorben. Manchmal setzt nur ein einziger Ast das Leben dieser uralten Bäume fort.

Zapfen

▶ Nadelbaum
▶ Juli bis August
▶ 5 – 15 m

▶ **Merkmale**
Nadeln kurz, gedrungen, in Bündeln zu fünf, oft mit weißen Harzflecken; männliche und weibliche Blüten dunkel-purpurrot; Rinde graubraun; reife Zapfen etwa 8 cm lang, mit auffälligen borstigen Nadeldornen

▶ **Vorkommen**
in USA Hochgebirgsbaum, wächst oberhalb 2.600 m, in Europa Zierbaum

▶ **Verbreitung**
Heimat Nordamerika, dort 1861 entdeckt, später nach Europa gebracht

- ▶ Nadelbaum
- ▶ März bis Mai
- ▶ 25–40 m

▶ **Merkmale**
Nadeln hellgrün, weich,
stehen in Büscheln, fallen
im Herbst ab; männliche
Blüten gelb, in hängenden
Blütenständen, weibliche
Blüten rot, zapfenartig
aufrecht; Rinde graubraun,
zunächst glatt, später
rissig, tiefgefurcht; reife
Zapfen oval, klein, braun,
aufrecht

▶ **Vorkommen**
Waldbaum der Mittel-
gebirge und Gebirge bis in
Höhenlagen von 2.500 m

▶ **Verbreitung**
Europa

Europäische Lärche
Larix decidua

Die Lärche wechselt die Farbe ihres Nadelkleides mit
den Jahreszeiten. Im Frühling sind ihre Nadeln hellgrün, im Sommer dunkeln sie nach,
im Herbst werden sie goldgelb. Als
einziger einheimischer Nadelbaum
wirft die Lärche ihre Nadeln im
Herbst ab. Auf diese Eigenschaft
bezieht sich ihr lateinischer Artname: „decidua" heißt übersetzt „abfallend". Das Holz der
Lärche ist sehr harzreich. In
den lärchenreichen Südtiroler
Bergen zapft man daher ganze
Lärchenwälder an und verkauft
das gewonnene Harz als
„Venezianisches Terpentin".
Diese Substanz setzt man zur
Heilung von verschiedenen
Hautkrankheiten ein.

Zweig mit
Nadelbüscheln

Japanische Lärche
Larix kaempferi

Die Japanische Lärche stammt von der japanischen
Insel Hondo und heißt deshalb auch Hondo-Lärche.
Ihren lateinischen Artnamen „kaempferi" erhielt sie
zu Ehren des deutschen Arztes E. Kaempfer
(1651–1716), der die japanische Flora beschrieb. Der
stattliche Baum verträgt hohe Niederschläge, reagiert
aber auf extreme Temperaturunterschiede zwischen
Sommer und Winter empfindlicher als die Europäische Lärche. Deshalb verwendet man ihn in Europa
vor allem bei Aufforstungen in Küstennähe. Das
Holz der Japanischen Lärche ist fest und dauerhaft
und wird als Bauholz im Haus- und Schiffsbau eingesetzt.

▶ Nadelbaum
▶ April bis Mai
▶ 20–30 m

▶ **Merkmale**
Nadeln blaugrün, büsche-
lig; männliche Blüten hängend, weibliche Blüten
aufrecht, zapfenförmig;
Rinde rotbraun, blättert in
schmalen Streifen ab; reife
Zapfen braun, aufrecht,
Zapfenschuppen am Rand
nach außen gerollt

▶ **Vorkommen**
Forstbaum in Gebieten mit
hoher Luft- und Boden-
feuchtigkeit, Zierbaum

▶ **Verbreitung**
Heimat Gebirgslagen
Japans, in Europa ange-
pflanzt

Zapfen

▶ **Strauch**

▶ **April bis Mai**

▶ **4–12 m**

▶ **Merkmale**
Nadeln steif, spitz, grün, oben mit weißem Mittelband; männliche Blüten gelb, sehr klein, weibliche Blüten grün; Rinde graubraun, abfasernd; Früchte erbsengroße, schwarze Beerenzapfen (Wacholderbeeren)

▶ **Vorkommen**
Heiden, Moore, lichte Nadelwälder

▶ **Verbreitung**
Europa, Asien, Nordafrika, Nordamerika, hat das größte natürliche Verbreitungsgebiet aller Nadelhölzer

Heide-Wacholder
Juniperus communis

Die Säulen alter Wacholderbüsche prägen zusammen mit Heidekrautbeständen das Landschaftsbild der norddeutschen Heidegebiete. Die „Zypresse des Nordens", wie die Pflanze auch genannt wird, liebt sonnige Standorte, ist aber sonst sehr genügsam. Sie gedeiht auf mageren Sandböden, erträgt kalte Winter und trockene Sommer ohne Mühe. Wacholderbüsche wachsen nur langsam, können aber ein hohes, mehrhundertjähriges Alter erreichen. Wacholderbeeren werden in der Heilkunde genutzt, aber auch als Küchengewürz und Räuchermittel verwendet. Ihre würzigen Inhaltsstoffe geben Fisch und Fleisch ein ganz typisches Aroma.

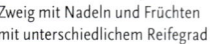
Zweig mit Nadeln und Früchten mit unterschiedlichem Reifegrad

Mammutbaum
Sequoiadendron giganteum

Mammutbäume oder „big trees" können über 3.000 Jahre alt werden. Sie wachsen natürlich an den westlichen Hängen der Sierra Nevada. Nach Europa

Zweig mit Blattschuppen und Zapfen

kamen sie etwa 1850. Die wissenschaftlichen Namen für diese eindrucksvollen Bäume haben oft gewechselt. Zunächst hießen sie nach berühmten Männern der Geschichte „Washingtonia" oder „Wellingtonia". Die heute gültige wissenschaftliche Bezeichnung „Sequoia" geht auf einen Indianer aus dem Stamm der Irokesen mit Namen „Se-Quo-Yah" (1770 – 1843) zurück. Er hat das erste indianische Alphabet entwickelt und bei den nordamerikanischen Indianern die Schrift eingeführt.

▶ **Nadelbaum**
▶ **Mai**
▶ **50 – 100 m**

▶ **Merkmale**
Nadeln spiralig in drei Längsreihen angeordnet, duften beim Zerreiben nach Anis; männliche Blüten gelb, weibliche grün; Rinde fuchsrot bis mittelbraun, auffallend weich (läßt sich mit der Hand eindrücken) und dick; reife Zapfen länglich-kugelig, rotbraun

▶ **Vorkommen**
vereinzelt Waldbaum, sonst Parkbaum

▶ **Verbreitung**
Heimat Kalifornien, in Mitteleuropa häufig gepflanzt

- ▶ Nadelbaum
- ▶ April
- ▶ 13–17 m

- ▶ **Merkmale**
  Nadeln schuppenförmig an den Zweigen liegend oder 5 mm lang, spitz, abstehend; männliche Blüten rund, gelb, weibliche klein, grün; Rinde graubraun, schilfert in Längsstreifen ab; Früchte braunviolette Beerenzapfen, blau bereift

- ▶ **Vorkommen**
  Ziergehölz in Parks und Gärten, örtlich als Forstbaum kultiviert

- ▶ **Verbreitung**
  Heimat Nordamerika, angepflanzt in Europa und Asien

Virginischer Wacholder
Juniperus virginiana

In den Wäldern seiner Heimat ist der Virginische Wacholder ein gern gesehener Forstbaum. Er liefert aromatisch riechendes, wertvolles Holz, das „Rote Zedernholz". Dieses Holz ist dauerhaft und leicht zu bearbeiten, der ideale Werkstoff für die Bleistiftindustrie. Deshalb wird der Baum auch Bleistift-Zeder genannt. In Nordamerika erreicht der Virginische Wacholder Wuchshöhen bis zu 40 m und ein Höchstalter von 300 Jahren. In Mitteleuropa bleibt er deutlich kleiner. Wegen seines langsamen Wachstums wird er forstlich kaum genutzt. Nur im Raum Nürnberg wird der Baum als Bleistiftholz angebaut.

Zweig mit Blattschuppen

Sadebaum
Juniperus sabina

Der kleine, niederliegende Strauch wird auch Stink-Wacholder genannt, denn seine Nadeln verströmen beim Zerreiben einen sehr unangenehmen Geruch. Alle Teile der Pflanze sind hoch giftig. Sie enthalten ein stark reizendes, ätherisches Öl. Schon Einreibungen rufen auf der Haut schnell Blasen hervor, wenige Tropfen eingenommen wirken für den Menschen tödlich. Der Sadebaum lieferte das Abtreibungsmittel des Mittelalters. Wohl auch deshalb wurde er seit alters her in Bauerngärten, in Klosteranlagen und auf Friedhöfen angepflanzt. Diese flachwurzelnde Art kann selbst felsige Böden besiedeln und verträgt viel Hitze.

Zweig mit Blattschuppen

▶ **Strauch**
▶ **April bis Mai**
▶ **0,5 – 4 m**

▶ **Merkmale**
Nadeln schuppenförmig und anliegend oder nadelförmig und abstehend; männliche Blütenstände gelb, weibliche grün, sehr klein; Rinde im Alter rötlich, abblätternd; Früchte kugelige, erbsengroße, schwarze Beerenzapfen, hellblau bereift

▶ **Vorkommen**
wild auf Bergwiesen und Felsen, häufig in Gärten kultiviert

▶ **Verbreitung**
höhere Gebirgslagen Mittel- und Südeuropas

- ▶ Nadelbaum
- ▶ April bis Mai
- ▶ 20–60 m

- ▶ **Merkmale**
  Nadeln schuppenartig,
  kreuzweise gegenständig,
  sind fest an die Zweige
  gepreßt; männliche Blüten
  karminrot, an den Zweigenden, weibliche Blüten
  gelb, kugelig, auch endständig; Rinde rötlich-
  braun, löst sich in länglichen Platten ab; reife Zapfen hellbraun, kugelig

- ▶ **Vorkommen**
  Zierbaum

- ▶ **Verbreitung**
  Heimat Nordamerika, in
  Mitteleuropa gepflanzt,
  örtlich verwildert

Oregonzeder
Chamaecyparis lawsoniana

Die Oregonzeder erhielt ihren wissenschaftlichen
Artnamen zu Ehren des schottischen Botanikers
John Lawson. Sie wächst ursprünglich nur im westlichen Nordamerika, in den Staaten Oregon und Kalifornien, ist demzufolge an nasse, milde Winter und
regenarme, aber nebelreiche Sommer angepaßt. Sie
gilt dort als wichtiger Waldbaum mit einem hochwer-
tigen, hellgelben, harzfreien Holz,
das im Bootsbau, für Masten und
Möbel verwendet wird. In Mitteleuropa ist die Oregonzeder in
vielen Zuchtformen in Parks,
Gärten und auf Friedhöfen verbreitet. Die einzelnen Sorten
unterscheiden sich in Baum-
form und Farbe der Nadeln.

Zweig mit
reifem Zapfen

Abendländischer Lebensbaum
Thuja occidentalis

Der Abendländische Lebensbaum ist in Deutschland eine Modepflanze. Er fehlt bei uns mittlerweile in kaum einer Gartenhecke. Der Pflanzenhandel bietet viele Zuchtformen an.

Zweig mit Blattschuppen

Die Heimat dieses Baumes ist Nordamerika. Dort bildet er in Flußniederungen fast undurchdringliche Wälder. Der Abendländische Lebensbaum ist ein immergrüner Nadelbaum mit schmaler, kegelförmiger Krone. Er braucht feuchten, nährstoffreichen Boden und gedeiht am besten bei hoher Luftfeuchtigkeit. Sein Nachteil ist aber: Er wächst nur sehr langsam, und er wurzelt extrem flach und ist deshalb windbruchgefährdet. Rückschnitt verträgt er dagegen gut.

► Nadelbaum
► März bis April
► 5–15 m

► **Merkmale**
Schuppenblätter kreuzgegenständig, in vier Längszeilen angeordnet, oben mattgrün, unten heller, riechen unangenehm; Blüten klein, zahlreich, endständig; Rinde graubraun, löst sich in schmalen Längsstreifen ab; reife Zapfen hellbraun, 8 mm lang, bestehen aus acht bis zehn Schuppen

► **Vorkommen**
Ziergehölz, Heckenpflanze

► **Verbreitung**
Heimat Nordamerika, in Mitteleuropa seit 1701

- ▶ Nadelbaum
- ▶ März bis April
- ▶ 20–30 m

- ▶ **Merkmale**
  Schuppenblätter kreuzgegenständig, in vier Längszeilen angeordnet, auf
  beiden Seiten gleichfarbig
  grün; Blüten an den Zweig-
  spitzen, klein, unscheinbar; Rinde braunrot, löst
  sich in schmalen Längs-
  streifen ab; reife Zapfen
  oval, 2 cm lang, Zapfenschuppen an der Spitze
  mit hakigen Fortsätzen

- ▶ **Vorkommen**
  Zierbaum

- ▶ **Verbreitung**
  Heimat China, Japan, in
  Mitteleuropa seit 1752

Morgenländischer Lebensbaum
Thuja orientalis

Der Morgenländische Lebensbaum ist der klassische
Baum der Friedhöfe. Er wurde 1752 von Missionaren
nach Europa gebracht. Der langsam wachsende, oft
mehrstämmige Baum ähnelt in Wuchs und Aussehen der abendländischen Form, ist allerdings nicht
so robust. Besonders Frühjahrsfröste verträgt der
Morgenländische Lebensbaum nicht. Er sollte deshalb in Mitteleu-
ropa nur in mil-
den Klimalagen
gepflanzt werden.
Der Name Lebens-
baum wurde im
18. Jahrhundert geprägt.
Damals glaubte man, die-
ser Baum habe heilkräftige
Wirkung und nannte ihn deshalb „arbor vitae". Übersetzt
heißt das „Baum des Lebens".

Zweig mit Blattschuppen

204

Riesen-Lebensbaum
Thuja plicata

Die Totempfähle der
Indianer in Kanada und
Nordamerika sind aus
dem Holz des Riesen-
Lebensbaumes ge-
schnitzt. Auch ihre
Kanus und Einbäume
fertigten die Indianer
aus diesem Material. Es
ist ansehnlich, leicht und
hält lange der Witterung

Zweig mit Ober-
(rechts) und Unterseite
(links)

stand. Der Riesen-Lebensbaum ist ein mächtiger,
immergrüner Nadelbaum des amerikanischen Nord-
westens. Er wächst besonders in den regen- und
nebelreichen Lagen entlang der Pazifikküste. In Mitteleuropa ist er winterhart und schneedruckfest, aber
wegen seines flachen Wurzelsystems windbruchgefährdet. In trockenen Sommern muß er regelmäßig gewässert werden.

▶ Nadelbaum

▶ März

▶ 30–60 m

▶ **Merkmale**
Schuppenblätter kreuz-
gegenständig, stehen in
vier Längsreihen, oben
glänzend dunkelgrün,
unten weißlich gezeichnet,
duften zerrieben ange-
nehm aromatisch-fruchtig;
Blüten klein, kaum auffällig; Rinde rotbraun, längs
gefurcht; reife Zapfen
braun, etwa 12 mm lang

▶ **Vorkommen**
Zierbaum, forstliche
Anbauversuche

▶ **Verbreitung**
Heimat Nordamerika, in
Mitteleuropa seit 1854

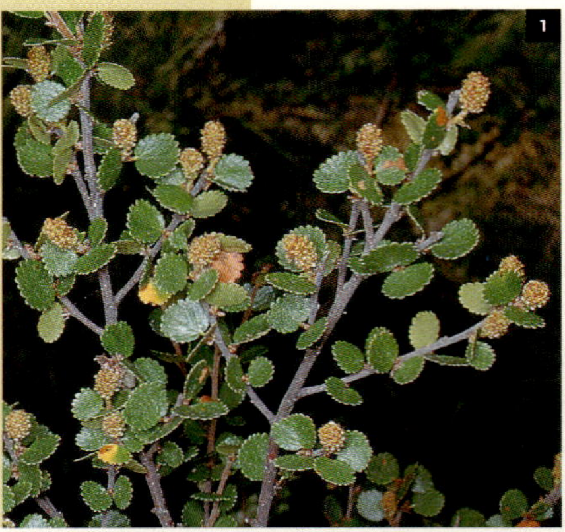
1

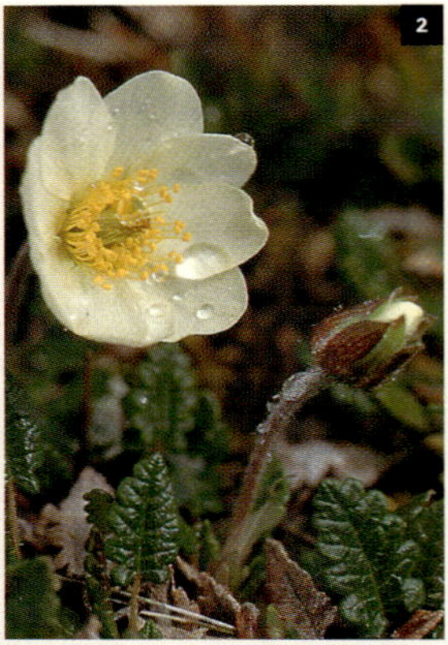
2

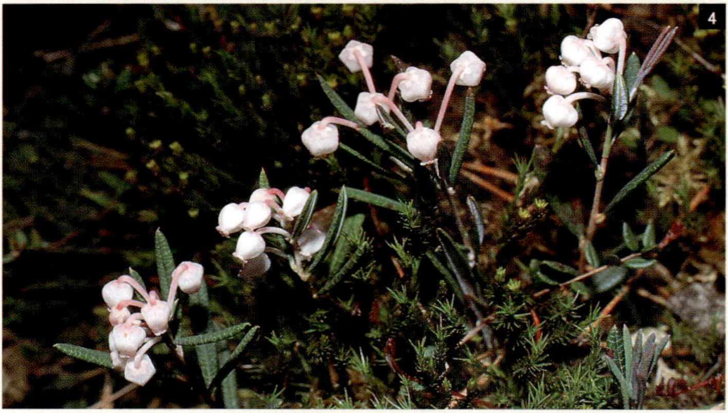
4

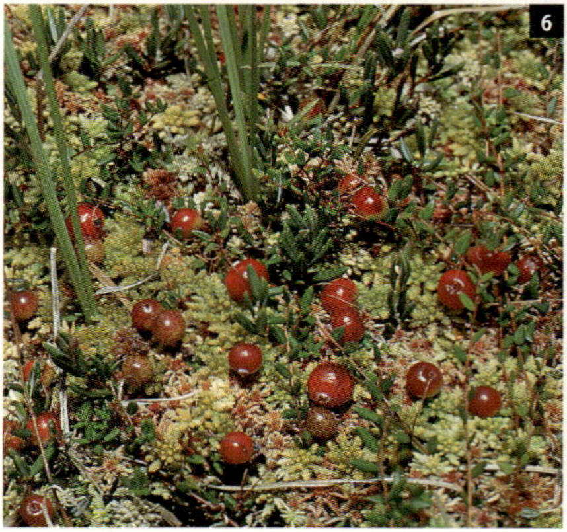
6

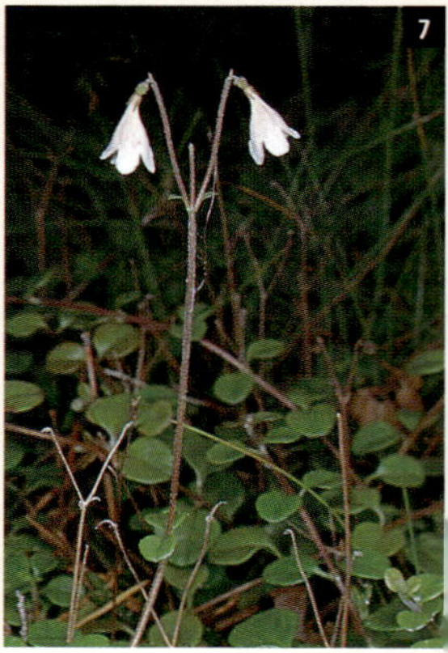
7

1 **Zwerg-Birke**
Betula nana
Birkengewächse;
Hochmoore

2 **Silberwurz**
Dryas octopetala
Rosengewächse;
Gerölle, Felsschutt, Grashänge

3 **Arktische Brombeere**
Rubus arcticus
Rosengewächse;
felsige Stellen, Dickichte,
Wälder

4 **Rosmarinheide**
Andromeda polifolia
Heidekrautgewächse;
Hochmoore, Torfmoosrasen

5 **Schwarze Krähenbeere**
Empetrum nigrum
Krähenbeerengewächse;
trockenere Stellen in Torfmoo-
ren, Bergwälder, feuchte Felsen

6 **Gewöhnliche Moosbeere**
Vaccinium oxycoccus
Heidekrautgewächse;
Hoch- und Zwischenmoore

7 **Nordisches Moosglöckchen**
Linnaea borealis
Geißblattgewächse;
moosige Nadelwälder

8 **Kraut-Weide**
Salix herbacea
Weidengewächse;
kalkarme, feuchte, lang mit
Schnee bedeckte Flächen

1 **Feige**
Ficus carica
Maulbeergewächse;
Obstplantagen, stellenweise
verwildert

2 **Erdbeerbaum**
Arbutus unedo
Heidekrautgewächse;
Charakterpflanze der Macchie

3 **Kakipflaume**
Diospyros kaki
Ebenholzgewächse;
Obst- und Zierbaum

4 **Pomeranze**
Citrus aurantium
Rautengewächse;
Obst- und Zierbaum

5 **Zwergpalme**
Chamaerops humilis
Palmengewächse;
trockene, sandige, steinige
Orte in Küstennähe

6 **Silber-Akazie**
Acacia dealbata
Mimosengewächse;
Zierbaum in Parkanlagen,
an Promenaden

7 **Zypresse**
Cupressus sempervirens
Zypressengewächse;
Küstenhänge

8 **Orangenbaum**
Citrus sinensis
Rautengewächse;
Obstplantagen

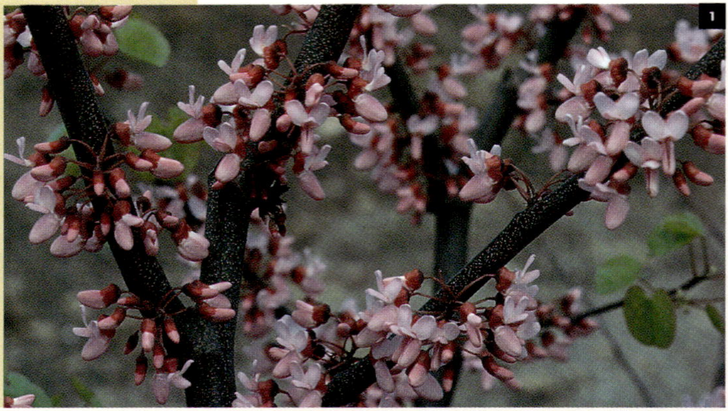
1

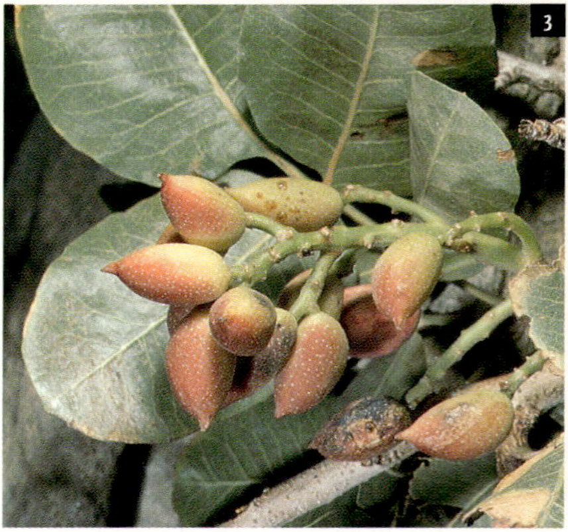
3

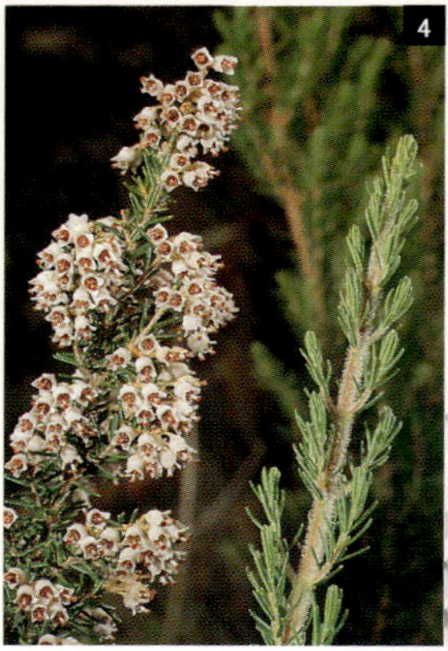
4

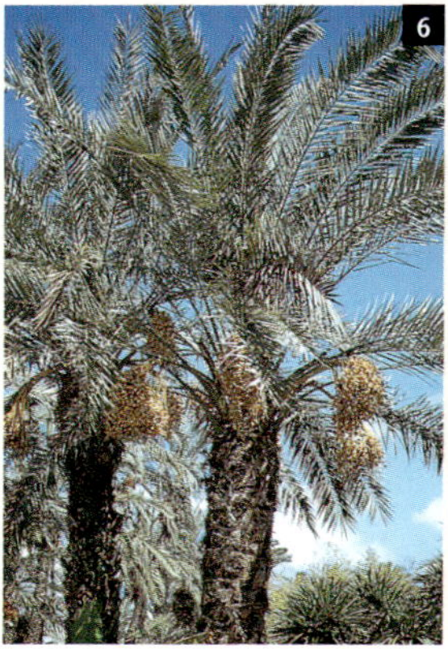
6

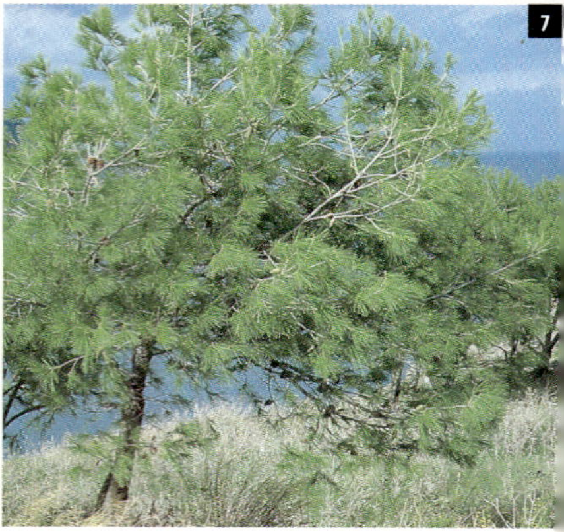
7

1 **Judasbaum**
Cercis siliquastrum
Johannisbrotgewächse;
Zierbaum in Parks, strauch-
förmig auf Ödland

2 **Weihrauch-Wacholder**
Juniperus thurifera
Zypressengewächse;
Kalkgebirge

3 **Echte Pistazie**
Pistacia vera
Sumachgewächse;
Kulturpflanze im östlichen
Mittelmeergebiet

4 **Baum-Heide**
Erica arborea
Heidekrautgewächse;
Macchien, immergrüne Eichen-
wälder

5 **Myrte**
Myrtus communis
Myrtengewächse;
Macchie, häufige Zierpflanze

6 **Echte Dattelpalme**
Phoenix dactylifera
Palmengewächse;
Obst- und Zierbaum

7 **Aleppo-Kiefer**
Pinus halepensis
Kieferngewächse;
auf Kalkböden in tieferen
Lagen

8 **Pinie**
Pinus pinea
Kieferngewächse;
Sandküsten

1 **Ölbaum**
Olea europaea
Ölbaumgewächse;
Olivenhaine, Macchie

2 **Lorbeer**
Laurus nobilis
Lorbeergewächse;
feuchte Hänge, oft Zierbaum in Parks

3 **Fächerpalme**
Trachycarpus fortunei
Palmengewächse;
Zierpflanze

4 **Mastix-Strauch**
Pistacia lentiscus
Sumachgewächse;
weit verbreitete Macchien-pflanze

5 **Granatapfelbaum**
Punica granatum
Granatapfelgewächse;
Kulturpflanze im ganzen Mittelmeergebiet

6 **Kork-Eiche**
Quercus suber
Buchengewächse;
kalkarme Böden in Küsten-regionen

7 **Stein-Eiche**
Quercus ilex
Buchengewächse;
Stein-Eichenwälder, bevorzugt auf frischen, reichen Kalkböden

8 **Kermes-Eiche**
Quercus coccifera
Buchengewächse;
trockene, steinige Hänge

1 **Zedern-Wacholder**
Juniperus cedrus
Zypressengewächse;
Gebirge, Felsspalten

2 **Weidenartige Akazie**
Acacia saligna
Mimosengewächse;
Zierpflanze

3 **Drachenbaum**
Dracaena draco
Drachenbaumgewächse;
wild an Küstenfelsen,
Zierpflanze

4 **Glatte Baumschlinge**
Periploca laevigata
Seidenpflanzengewächse;
Sukkulentenbusch, klettert
häufig in *Euphorbia canarien-
sis*

5 **Kanarischer Erdbeerbaum**
Arbutus canariensis
Heidekrautgewächse;
Lorbeerwälder

6 **Oleanderblättrige Kleinie**
Kleinia neriifolia
Korbblütler;
Sukkulentenbusch, zusammen
mit strauchigen Wolfsmilch-
arten

7 **Kanarische Stechpalme**
Ilex canariensis
Stechpalmengewächse;
Lorbeerwälder, Baumheide-
Buschwälder

8 **Kanarischer Lorbeer**
Laurus azorica
Lorbeergewächse;
Lorbeerwälder

1 **Echte Retama**
Retama raetam
Schmetterlingsblütler;
Sukkulentenbusch,
Küstensand, Hügel

2 **Indische Persea**
Persea indica
Lorbeergewächse;
Lorbeerwälder, größere Bestände in feuchten, schattigen
Lagen

3 **Kanarische Kiefer**
Pinus canariensis
Kieferngewächse;
in Höhenlagen von 800 –
2.200 m waldbildend

4 **Plocama**
Plocama pendula
Rötegewächse;
Küstenregion, Felshänge,
Schluchten

5 **Kanarische Besen-Heide**
Erica scoparia
Heidekrautgewächse;
Lorbeerwälder

6 **Kanarische Dattelpalme**
Phoenix canariensis
Palmengewächse;
feuchte Hänge

7 **Wohlriechender Jasmin**
Jasminum odoratissimum
Ölbaumgewächse;
wärmeliebende Buschwälder

8 **Bäumchen-Wegerich**
Plantago arborescens
Wegerichgewächse;
küstennahe Felsen, offene
Waldstandorte

REGISTER

Aufgrund des nur begrenzt zur Verfügung stehenden Platzes wurden zweiteilige deutsche Pflanzennamen nur einmal, und zwar mit vorgestelltem Gattungsnamen, aufgeführt. So ist z. B. die „Hänge-Birke" nur unter „Birke, Hänge-" zu finden.

Impressum

Mit 252 Farbfotos von Aichele (47), Arctic Picture Stock, Strann (207/3), Bärtels (33, 66, 79, 100, 112, 120, 124, 138, 147, 170, 174, 175), Bäsemann (207/2), Eisenbeiß (26, 54, 88), Ewald (192), Hecker (20, 43, 45, 49, 53, 63, 74, 75, 96, 126, 132, 135, 167, 173, 186, 197, 204), Himmelhuber (12, 65, 69, 80, 121, 130, 136, 157, 169, 178, 179, 193), König (7 r., 8, 9 o. und u., 10, 11 o. und u., 12, 55, 59, 60, 64, 73, 107, 117, 127, 142, 149, 152, 156, 168, 171, 185, 200, 205, 209/1, 209/3, 209/4, 209/5, 209/6, 209/7, 209/8, 211/1, 211/3, 211/7, 211/8, 213/2, 213/3, 213/4, 213/5, 213/7), Laux (19, 23, 25, 41, 51, 56, 70, 71, 90, 91, 97, 125, 151, 177, 198, 207/4, 207/5, 207/6, 207/8), Limbrunner (7 l., 29, 42, 50, 94, 154, 191), Pforr (14, 24, 35, 40, 46, 57, 62, 68, 83, 89, 95, 104, 106, 109, 110, 115, 116, 134, 137, 141, 143, 144, 145, 148, 150, 155, 161, 162, 163, 164, 165, 166, 176, 180, 182, 184, 188, 189, 190), Pott (17, 22, 52, 61, 87, 101, 118, 122, 128, 139, 146, 160, 196), Reinhard, N. (203), Reinhard-Tierfoto (15, 26, 28, 38, 58, 67, 76, 85, 98, 99, 103, 153, 181, 187), Schmidt (93), Schönfelder (6, 21, 111, 119, 129, 131, 172, 183, 194, 195, 202, 207/1, 207/7, 211/2, 211/4, 211/6, 213/6, 213/8, 215/1, 215/2, 215/3, 215/4, 215/5, 215/6, 215/7, 215/8, 217/1, 217/2, 217/3, 217/4, 217/5, 217/6, 217/7, 217/8) Schrempp (34, 84, 113, 201), Siedel (78), Synatzschke, G. (140), Synatzschke, M. (18), Vogt (32, 37), Wagner (86, 92, 123, 199, 209/2, 211/5, 213/1), Willner (3, 16, 30, 31, 36, 39, 44, 48, 77, 81, 82, 102, 105, 108, 114, 133, 158, 159), Zeininger (72) sowie 192 Farbzeichnungen von M. Golte-Bechtle (14, 15, 16, 17, 18, 19, 20, 23, 24, 25, 27, 29, 30, 31, 32, 34, 35, 37, 38, 39, 40, 41, 42, 43, 44, 46, 47, 49, 50, 51, 52, 53, 54, 55, 56, 57, 58, 59, 64, 66, 71, 72, 74, 75, 76, 77, 78, 80, 81, 82, 86, 87, 89, 90, 116, 118, 119, 120, 122, 123, 128, 129, 131, 139, 142, 143, 144, 145, 146, 147, 148, 149, 151, 152, 156, 161, 162, 164, 165, 166, 167, 168), S. Haag (60, 61, 62, 73, 93, 94, 95, 96, 97, 98, 99, 101, 102, 103, 104, 105, 106, 107, 108, 109, 110, 111, 112, 113, 114, 115, 117, 133, 134, 135, 136, 137, 153, 154, 157, 160, 170, 174, 175, 177, 182, 186, 189, 190, 191, 192, 193, 196, 197, 198, 201, 202), R. Hofmann (21, 22, 26, 28, 33, 36, 45, 48, 63, 65, 67, 68, 69, 70, 79, 83, 84, 85, 88, 91, 92, 100, 121, 124, 125, 126, 127, 130, 132, 138, 140, 141, 150, 155, 158, 159, 163, 169, 171, 172, 173, 176, 178, 179, 180, 181, 183, 184, 185, 187, 188, 194, 195, 199, 200, 203, 204, 205) sowie 7 Schwarzweißzeichnungen von B. P. Kremer.

Auf dem Vorsatz und Nachsatz 14 Farbzeichnungen von M. Golte-Bechtle, 17 Farbzeichnungen von B. Zwickel-Noelle und 12 Symbole von B.P. Kremer.
Umschlaggestaltung von eStudio Calamar, Pau, unter Verwendung einer Aufnahme (Winter-Linde) von Wagner sowie einer Farbzeichnung (Eibe) von M. Golte-Bechtle.

Bibliografische Information der Deutschen Bibliothek
Die Deutsche Bibliothek verzeichnet diese Publikation in der Deutschen Nationalbibliografie; detaillierte bibliografische Daten sind im Internet über http://dnb.ddb.de abrufbar.

Bücher · Kalender · Spiele
Experimentierkästen · CDs · Videos

Natur · Garten & Zimmerpflanzen
Heimtiere · Pferde & Reiten
Astronomie · Angeln & Jagd
Eisenbahn & Nutzfahrzeuge
Kinder & Jugend

Informationen senden wir Ihnen gerne zu

KOSMOS

Postfach 10 60 11
D-70049 Stuttgart
TELEFON +49 (0)711-2191-0
FAX +49 (0)711-2191-422
WEB www.kosmos.de
E-MAIL info@kosmos.de

Gedruckt auf chlorfrei gebleichtem Papier

2.Auflage
© 2000, 2003 Franckh-Kosmos Verlags-GmbH & Co., Stuttgart
Alle Rechte vorbehalten
ISBN 3-440-09374-3
Lektorat: Dr. Sigrun Künkele
Grundlayout: eStudio Calamar
Produktion: Markus Schärtlein / Lilo Pabel
Satz: Hahn Medien, Kornwestheim
Druck und Bindung: Těšínská Tiskárna, a.s., Český Těšín
Printed in Czech Republic / Imprimé en République tchèque

Erlebnis Natur

Sicher bestimmen mit Foto und Zeichnung

Bruno P. Kremer
Heilpflanzen
ISBN 3-440-09372-7

Eckart Pott
Vögel
ISBN 3-440-09373-5

Karin Montag
Pilze
ISBN 3-440-09375-1

E. und W. Dreyer
Bäume
ISBN 3-440-09374-3

Wolfgang Hensel
Blumen
ISBN 3-440-09371-9

Roland Gerstmeier
Schmetterlinge
ISBN 3-440-09376-X

Grundgestalt eines Blattes

einfach
(Holz-Apfel)

zusammen-
gesetzt
(Walnußbaum)

nadelförmig
(Kiefer)

schuppen-
förmig
Lebensbaum

wechselständig
(Zitter-Pappel)

gegenständig
(Feld-Ahorn)

Blattstellung

langgestielt
(Hänge-Birke)

kurzgestielt
(Kornelkirsche)